全国会计专业技术资格考试辅导丛书

中级会计职称教材知识点精讲

根据 2019 年 3 月
会计专业技术资格考试新教材编写

财务管理

王伟超　编著

图书在版编目(CIP)数据

中级会计职称教材知识点精讲.财务管理/王伟超编著.—上海：立信会计出版社，2019.3
（全国会计专业技术资格考试辅导丛书）
2019年会计专业技术资格考试
ISBN 978-7-5429-6108-2

Ⅰ.①中… Ⅱ.①王… Ⅲ.①财务管理—资格考试—自学参考资料　Ⅳ.①F23

中国版本图书馆 CIP 数据核字(2019)第 048864 号

策划编辑　蔡伟莉
责任编辑　何颖颖
封面设计　南房间

中级会计职称教材知识点精讲.财务管理

Zhongji Kuaiji Zhicheng Jiaocai Zhishidian Jingjiang Caiwu Guanli

出版发行	立信会计出版社		
地　　址	上海市中山西路 2230 号	邮政编码	200235
电　　话	(021)64411389	传　　真	(021)64411325
网　　址	www.lixinaph.com	电子邮箱	lxaph@sh163.net
网上书店	www.shlx.net	电　　话	(021)64411071
经　　销	各地新华书店		
印　　刷	上海天地海设计印刷有限公司		
开　　本	710 毫米×1000 毫米　1/16		
印　　张	14.25		
字　　数	275 千字		
版　　次	2019 年 3 月第 1 版		
印　　次	2019 年 3 月第 1 次		
印　　数	1—5000		
书　　号	ISBN 978-7-5429-6108-2/F		
定　　价	36.00 元		

如有印订差错，请与本社联系调换

前　言

截至2018年,每年将近100万人走在备考中级会计职称的路上。但是中级会计职称的通过率依然不高,每年很多同学徘徊在中级职称的备考路上,陷入题海战术,最终屡战屡败。

会计岛长期以来,秉承快速考证,高效通关,趣味学习的原则,每年带领百万考生大队快速考证,师资上,岛上清华、北大出身的学霸讲师,用高维打低维的降级打法,将考试拆解为简单易懂的模型,通过岛上专属的私播课,持续互动教学,深度辅导,带领大家快速通关;教研上,岛上所研发的"彩虹书"系列,包括零基础小白备考(小白书),教材知识点深度研读(小红书),备考过程中知识点总结归纳(小绿书),历年真题深度解析(小蓝书),教材知识点序列(世界树)、考前一个月背诵宝典(背多分),考前一周突击精华(小黑书),本套书即为岛上"小红书"系列。

这本书由岛上王伟超老师编著。本册"小红书"的特点如下:

1. 章节设置与考试同步,考生可以跳出繁冗的教材,直接按照本书建立的完整的知识体系,清晰明了地根据最近五年的常考知识点,得出每个知识点的考试频率,有重点、有方法地进行高效备考。

2. 有关知识点的归纳,本书放弃了大多数教材及教辅的文字表述,而是直接采用图表形式总结归纳,有助于考生迅速掌握各个章节知识点的逻辑和脉络,并对相关知识点进行联想记忆、图像记忆,让考生真正告别填鸭式枯燥备考,进入备考的快车道。

3. 回归真题,辅助典型习题,以题带知识点,帮助考生及时消化吸收知识点,并落地实践,帮助考生尽快找到考场感觉,快速直接应对考试。

本书配套课程为王伟超老师主讲的中级会计职称旗舰班,旗舰班采用全程高互动直播的私播课形式,由王伟超老师全程和大家互动教学,有问题不会就问,如果个人原因错过直播课可以直接看高清回放视频,另外,旗舰班课后还有微信群,王老师在微信群里面随时和大家互动答疑,保证每一位同学都能跟上课程,同时,助教还给大家准备了每天打卡做题,每周周考和每月的月考,考前模拟集训等活动,形成班级群你追我赶的学习氛围,回到高中时代的学习节奏。

在岛上,不掉队,都能赢。

我们相信,只要你来岛上,就一定能够遇见最好的自己。

2019年,我们不见不散。

会计岛

2019年3月

目 录

第一章　总论 ··· 1
第一节　企业与企业财务管理 ·· 1
第二节　财务管理目标 ·· 3
第三节　财务管理环节 ·· 5
第四节　财务管理体制 ·· 5
第五节　财务管理环境 ·· 8

第二章　财务管理基础 ·· 12
第一节　货币时间价值 ·· 12
第二节　风险与收益 ·· 21
第三节　成本性态分析 ·· 28

第三章　预算管理 ·· 31
第一节　预算管理概述 ·· 31
第二节　预算的编制方法与程序 ·· 33
第三节　预算编制 ·· 38
第四节　预算的执行与考核 ·· 48

第四章　筹资管理(上) ·· 49
第一节　筹资管理概述 ·· 49
第二节　债务筹资 ·· 51
第三节　股权筹资 ·· 54
第四节　衍生工具筹资 ·· 58

第五章　筹资管理(下) ·· 62
第一节　资金需要量预测 ·· 62
第二节　资本成本 ·· 67
第三节　杠杆效应 ·· 72
第四节　资本结构 ·· 76

第六章　投资管理 ··· 86
第一节　投资管理概述 ··· 86
第二节　投资项目财务评价指标 ··· 87
第三节　投资项目现金流量的估计 ··· 97
第四节　证券投资管理 ··· 103

第七章　营运资金管理 ·· 110
第一节　营运资金管理的主要内容 ··· 110
第二节　现金管理 ··· 113
第三节　应收账款管理 ··· 120
第四节　存货管理 ··· 129
第五节　流动负债管理 ··· 135

第八章　成本管理 ··· 139
第一节　成本管理概述 ··· 139
第二节　量本利分析与应用 ·· 140
第三节　标准成本控制与分析 ··· 153
第四节　作业成本与责任成本 ··· 158

第九章　收入与分配管理 ·· 168
第一节　收入与分配管理的主要内容 ··· 168
第二节　收入管理 ··· 169
第三节　纳税管理 ··· 179
第四节　分配管理 ··· 193

第十章　财务分析与评价 ·· 201
第一节　财务分析与评价的主要内容与方法 ·· 201
第二节　基本的财务报表分析 ··· 205
第三节　上市公司财务分析 ·· 213
第四节　财务评价与考核 ··· 216

第一章 总 论

考试分析

从近 3 年考试来看,分值为 3 分,从题型来看只能出客观题。

思维导图

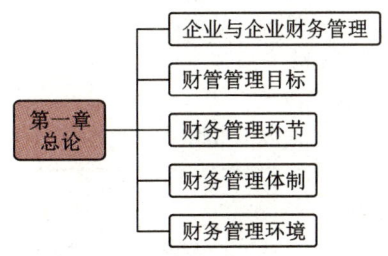

第一节 企业与企业财务管理

一、企业及其组织形式

表 1-1　　　　　　　　　企业及其组织形式

	个人独资企业	合伙企业	公司制企业
举例	二嫂煎饼果子	哥俩好饭庄 德勤华永会计师事务所	中国银行
责任形式	无限责任(一)	无限连带责任(一)	有限责任(＋)
存续年限	受限于业主寿命(一)	受限于合伙人寿命(一)	无限存续(＋)
筹集资金	困难(一)	适中(一)	容易(＋)
权益转让	困难(一)	困难(一)	容易(＋)
纳税情况	个税(＋)	个税(＋)	双重课税:个税＋企税(一)

(续表)

	个人独资企业	合伙企业	公司制企业
组建成本	较低(＋)	适中(＋)	较高(－)
代理问题	不明显(＋)	不明显(＋)	明显(－)

个人独资企业 VS 合伙企业：同向关系
个人独资企业＋合伙企业 VS 公司制企业：反向关系
注意：(＋)代表优点，(－)代表缺点

二、企业财务管理的内容

表 1-2　　　　　　　　　企业财务管理的内容

企业财务管理的内容	① 投资管理 ② 筹资管理 ③ 营运资金管理 ④ 成本管理 ⑤ 收入与分配管理

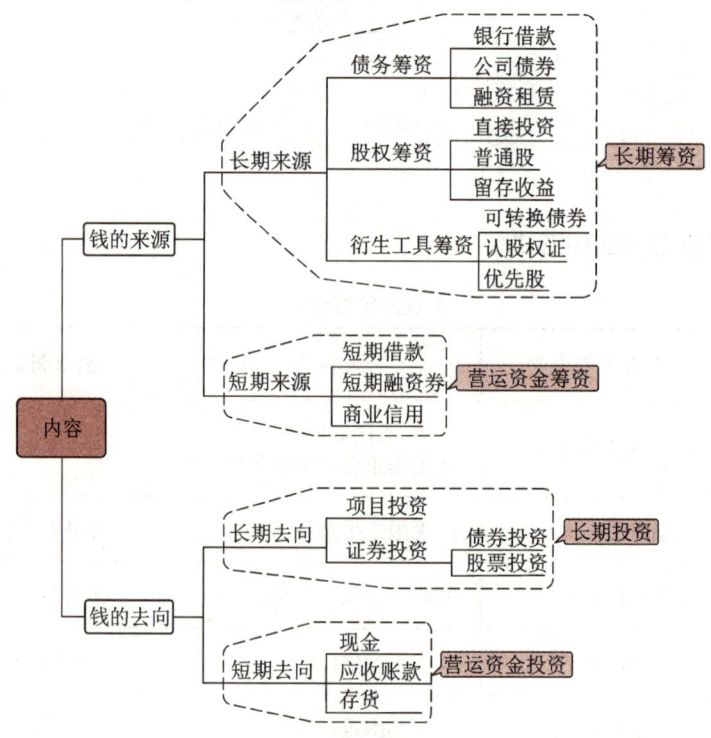

图 1-1　企业财务管理的内容

第二节　财务管理目标

一、企业财务管理目标理论

1. 利润最大化

表 1-3　　　　　　　　　利润最大化

指标计算	利润＝收入－费用 绝对指标
优点	① 有利于企业资源的合理配置，有利于企业整体经济效益的提高
缺点	① 没有考虑时间（利润的取得时间） ② 没有考虑风险（获取利润与承担风险的关系） ③ 没有考虑投入（获取利润与所投资本额的关系） ④ 可能导致企业短期财务决策倾向，影响企业长远发展

2. 每股收益最大化

表 1-4　　　　　　　　　每股收益最大化

指标计算	每股收益＝净利润/流通在外普通股股数 相对指标
优点	① 有利于企业资源的合理配置，有利于企业整体经济效益的提高
缺点	① 没有考虑时间（利润的取得时间） ② 没有考虑风险（获取利润与承担风险的关系） ③ 可能导致企业短期财务决策倾向，影响企业长远发展

3. 股东财富最大化（推荐）

表 1-5　　　　　　　　　股东财富最大化

指标计算	股东财富＝股票数量×股票价格
优点	① 考虑风险 ② 在一定程度上避免企业短期行为 ③ 针对上市公司，比较容易量化，便于考核和奖惩
缺点	① 针对非上市公司，难以应用 ② 股价受众多因素的影响，股价不能完全准确反映企业财务管理状况 ③ 强调得更多的是股东利益，而对其他相关者的利益重视不够

4. 企业价值最大化

表 1-6　　　　　　　　　　企业价值最大化

指标计算	企业价值＝所有者权益的市场价值＋债权人权益的市场价值
优点	① 考虑时间。 ② 考虑风险。 ③ 能克服企业在追求利润上的短期行为。 ④ 用价值代替价格，避免了过多外界市场因素的干扰，有效地规避了企业的短期行为。
缺点	① 过于理论化，不易操作。 ② 针对非上市公司，难以应用。

5. 相关者利益最大化

表 1-7　　　　　　　　　　相关者利用最大化

概念	企业的利益相关者不仅包括股东，还包括债权人、企业经营者、客户、供应商、员工、政府等。
内容	8 项
优点	① 有利于企业长期稳定发展。 ② 体现了合作共赢的价值理念。 ③ 这一目标本身是一个多元化、多层次的目标体系，较好地兼顾了各利益主体的利益。 ④ 体现了前瞻性和现实性的统一。

上述各种财务管理目标，都是以股东财富最大化为基础。

二、利益冲突与协调

1. 所有者 VS 经营者

表 1-8　　　　　　　　　　所有者 VS 经营者

利益冲突	经营者希望在创造财富的同时，能够获取更多的报酬、更多的享受，并避免各种风险。所有者希望以较小的代价（支付较少报酬）实现更多的财富。
协调	① 解聘 ② 接收 ③ 激励：包括股票期权、绩效股，不包括固定年薪。

2. 所有者 VS 债权人

表 1-9　　　　　　　　　　所有者 VS 债权人

利益冲突	① 所有者要求经营者改变举债资金的原定用途，增大偿债的风险，降低了债权人的债权价值。 ② 举借新债，增大偿债的风险，致使原有债权的价值降低。
协调	① 限制性借款 ② 收回借款或停止借款

三、企业的社会责任

表 1-10　　　　　　　　　　企业的社会责任

概念	企业的社会责任是指企业在谋求所有者或股东权益最大化之外所负有的维护和增进社会利益的义务。
内容	① 对员工的责任； ② 对债权人的责任； ③ 对消费者的责任； ④ 对社会公益的责任； ⑤ 对环境和资源的责任

第三节　财务管理环节

表 1-11　　　　　　　　　　财务管理环节

计划与预算	① 财务预测 ② 财务计划 ③ 财务预算
决策与控制	① 财务决策（核心） ② 财务控制
分析与考核	① 财务分析 ② 财务考核

第四节　财务管理体制

企业财务管理体制是明确企业各财务层级财务权限、责任和利益的制度，其核心问题是如何配置财务管理权限，企业财务管理体制决定着企业财务管理的运行机制和实施模式。

一、企业财务管理体制的一般模式及优缺点

1. 集权型

表 1-12　　　　　　　　　　集权型

管理权限	主要管理权限集中于企业总部，各所属单位执行企业总部的各项指令。
优点	① 有利于在整个企业内部优化配置资源。 ② 有利于实行内部调拨价格。 ③ 有利于内部采取避税措施及防范汇率风险等。

(续表)

缺点	① 各所属单位缺乏主动性、积极性,丧失活力。 ② 也可能因为决策程序相对复杂而失去适应市场的弹性,丧失市场机会。

2. 分权型

表 1-13　　　　　　　　　　分权型

管理权限	管理权限分散于各所属单位,各所属单位在人、财、物、供、产、销等方面有决定权。
优点	① 有利于针对本单位存在的问题及时作出有效决策,因地制宜地搞好各项业务。 ② 也有利于分散经营风险,促进所属单位管理人员及财务人员的成长。
缺点	缺乏全局观念和整体意识,从而可能导致资金管理分散、资金成本增大、费用失控、利润分配无序。

3. 集权与分权相结合型（推荐）

表 1-14　　　　　　　　集权与分权相结合型

管理权限	集权下的分权。重大问题的决策与处理上实行高度集权,各所属单位则对日常经营活动具有较大的自主权。
优点	吸收了集权型和分权型财务管理体制各自的优点,避免了二者各自的缺点,从而具有较大的优越性。

二、影响企业财务管理体制集权与分权选择的因素

表 1-15　　　　　　　　集权与分权选择的因素

企业生命周期	企业各个阶段特点不同,所对应的财务管理体制选择模式会有区别。如在初创阶段,企业经营风险高,财务管理宜偏重集权模式
企业战略	不同战略目标应匹配不同的财务管理体制。比如那些实施纵向一体化战略的企业,要求各所属单位保持密切的业务联系,各所属单位之间业务联系越密切,就越有必要采用相对集中的财务管理体制
企业所处市场环境	如果企业所处的市场环境有较大的不确定性,就要求在财务管理划分权力上给中下层财务管理人员较多的随机处理权。如果企业面临的环境是稳定的,对生产经营的影响不太显著,则可以把财务管理权较多地集中
企业规模	企业规模小,财务管理工作量小,偏重于集权模式。企业规模大,财务管理管理工作量大,复杂性增加,财务管理各种权限就有必要根据需要重新设置规划
企业管理层素质	包括财务管理人员在内的管理层如果素质高,能力强,可以采用集权型财务管理体制。反之,通过分权可以调动所属单位的生产积极性,创造性和应变能力
信息网络系统	集权型的财务管理体制,在企业内部需要由一个能及时、准确传递信息的网络系统,并通过信息传递过程的严格控制保障信息的质量

三、企业财务管理体制的设计原则

表 1-16　　　　　　　　　企业财务管理体制的设计原则

设计原则	① 与现代企业制度的要求相适应的原则 ② 明确企业对各所属单位管理中的决策权、执行权与监督权三者分立原则 ③ 明确财务综合管理和分层管理思想的原则 ④ 与企业组织体制相适应的原则
U 型组织	高度集权
	仅存在于产品简单、规模较小的企业，实行管理层级的集中控制
H 型组织	过度分权
	子公司具有法人资格，子公司则是相对独立的利润中心 现代意义的 H 型组织既可以分权管理也可以集权管理
M 型组织 事业部制	集权与分权相结合
	M 型组织的事业部在企业统一领导下，可以拥有一定的经营自主权，甚至某些重大事项决策权

四、集权与分权相结合型财务管理体制的实践

表 1-17　　　　　　　集权与分权相结合型财务管理体制的实践

集权	① 集中制度制定权 ② 集中筹资、融资权 ③ 集中投资权 ④ 集中用资、担保权 ⑤ 集中固定资产购置权 ⑥ 集中财务机构设置权 ⑦ 集中收益分配权
分权	① 分散经营自主权 ② 分散人员管理权 ③ 分散业务定价权 ④ 分散费用开支审批权

记忆：经营、人员、业务、费用——分散

第五节　财务管理环境

一、技术环境

表 1-18　技术环境

概念	财务管理的技术环境是指财务管理得以实现的技术手段和技术条件，它决定着财务管理的效率和效果。

二、经济环境

表 1-19　经济环境

地位	在影响财务管理的各种外部环境中，经济环境是最为重要的。
内容	① 经济体制 ② 经济周期 ③ 经济发展水平 ④ 宏观经济政策 ⑤ 通货膨胀水平

2. 经济周期

表 1-20　经济周期

	复苏	繁荣	衰退	萧条
设备投资	增加厂房设备 实行长期租赁	扩充厂房设备	停止扩张 出售多余设备	建立投资标准 放弃次要利益
存货储备	建立存货储备	继续建立存货	削减存货 停止长期采购	削减存货
人力资源	增加劳动力	增加劳动力	停止扩招雇员	裁减雇员
产品策略	开发新产品	提高产品价格 开展营销规划	停产不利产品	保持市场份额 压缩管理费用

5. 通货膨胀水平

表 1-21　通货膨胀水平

主要表现	① 引起资金占用的大量增加，从而增加企业的资金需求 ② 引起企业利润虚增，造成企业资金由于利润分配而流失 ③ 引起利率上升，加大企业的筹资成本 ④ 引起有价证券价格下降，增加企业的筹资难度 ⑤ 引起资金供应紧张，增加企业的筹资困难

(续表)

应对措施	通货膨胀初期	① 进行投资可以避免货币贬值风险,实现资本保值 ② 签订长期购货合同,以减少物价上涨造成的损失 ③ 取得长期负债,保持资本成本稳定
	通货膨胀持续期	① 采用比较严格的信用条件,减少企业债权 ② 调整财务政策,防止和减少企业资本流失

三、金融环境

1. 金融机构

表 1-22　　　　　　　　　　　金融机构

分类	① 银行 ② 非银行金融机构

2. 金融工具

表 1-23　　　　　　　　　　　金融工具

概念		金融工具是指融通资金双方在金融市场上进行资金交易、转让的工具,借助金融工具,资金从供给方转移到需求方
分类		① 基本金融工具:如货币、票据、债券、股票等 ② 衍生金融工具(派生金融工具):各种远期合约、互换、掉期、资产支持证券等
特征	流动性	流动性是指金融工具在必要时迅速转变为现金而不致遭受损失的能力
	风险性	风险性是指购买金融工具的本金和预定收益遭受损失的可能性。一般包括信用风险和市场风险
	收益性	收益性是指金融工具能定期或不定期给持有人带来收益的特性

3. 金融市场

表 1-24　　　　　　　　　　　金融市场

概念	金融市场是指资金供应者和资金需求者双方通过一定的金融工具进行交易进而融通资金的场所
构成要素	资金供应者、资金需求者、金融工具、交易价格、组织方式等
资金转移方式	① 直接转移 ② 间接转移

(1) 以期限为标准。

表1-25

	货币市场	资本市场
期限	短期(≤1年)	长期(>1年)
对象	债务工具	债务工具或权益工具
收益	收益低	收益高
风险	风险低	风险高
流动性	流动性强	流动性弱
举例	同业拆借市场、票据市场、大额定期存单市场和短期债券市场等	债券市场、股票市场和融资租赁市场等

（2）以功能为标准。

表1-26

发行市场、一级市场	主要处理金融工具的发行与最初购买者之间的交易
流通市场、二级市场	主要处理现有金融工具转让和变现的交易

（3）以融资对象为标准

表1-27

资本市场	以货币和资本为交易对象
外汇市场	以各种外汇金融工具为交易对象
黄金市场	集中进行黄金买卖和金币兑换的交易市场

（4）按所交易金融工具的属性

表1-28

基础性金融市场	以基础性金融产品为交易对象的金融市场,如商业票据、企业债券、企业股票的交易市场
金融衍生品市场	以金融衍生产品为交易对象的金融市场,如远期、期货、掉期(互换)、期权的交易市场,以及具有远期、期货、掉期(互换)、期权中一种或多种特征的结构化金融工具的交易市场

（5）以地理范围为标准

表1-29

地方性金融市场	—
全国性金融市场	—
国际性金融市场	—

四、法律环境

表 1-30　　　　　　　　　　　法律环境

概念	法律环境对企业的影响是多方面的,影响范围包括企业组织形式、公司治理结构、投融资活动、日常经营、收益分配等

第二章 财务管理基础

考试分析

本章作为财务管理的基础章节,主要是给后面章节打基础,近年考试题型主要是客观题,有时也会有小计算题的出现。

思维导图

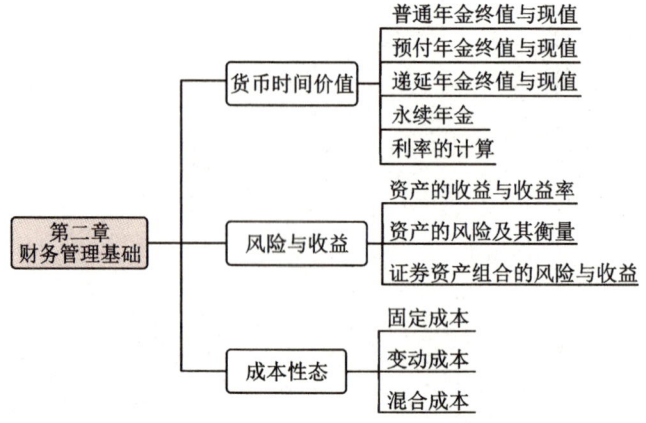

第一节 货币时间价值

一、货币时间价值概述

表 2-1　　　　　　　　　货币时间价值概述

概念	货币时间价值,是指在没有风险和通货膨胀的情况下,货币经历一定时间的投资和再投资所增加的价值,也称为资金的时间价值
表示方法	在实务中,人们习惯使用相对数字表示货币的时间价值,即用增加的价值占投入货币的百分数来表示
结论	① 现在的1元钱与将来的1元钱,经济价值不相等 ② 由于不同时间单位货币的价值不相等,所以,不同时间的货币收支不宜直接进行比较,需要把它们折算到相同的时点上,然后才能进行大小的比较和比率的计算

(续表)

终值 VS 现值	① 终值：现在一定量货币折算到未来某一时点上的价值，即"本利和"，记作"F" ② 现值：未来某一时点上一定量货币折算到现在的价值，即"本金"，记作"P" 终值的计算与现值的计算是互逆的，由终值计算现值的过程称为"折现"	
单利 VS 复利	① 单利：只对本金计算利息，利息不再生息，各期利息相等（现实应用较多） ② 复利：既对本金计算利息，也对前期的利息计算利息，各期利息不同（考试应用较多）	
| 核心模型 | 一串现金流折算到某一时点的价值。<br>例如：假设银行存款利率为10%，按复利计息。<br><br>```
        100       300       500
         ↑         ↑         ↑
    0    1    2    3    4    5
```<br>折算到 0 时点的价值 = $100/(1+10\%) + 300/(1+10\%)^3 + 500/(1+10\%)^5 =$<br>折算到 1 时点的价值 = $100 + 300/(1+10\%)^2 + 500/(1+10\%)^4 =$<br>折算到 2 时点的价值 = $100 \times (1+10\%) + 300 \times (1+10\%) + 500/(1+10\%)^3 =$<br>……<br>折算到 5 时点的价值 = $100 \times (1+10\%)^4 + 300 \times (1+10\%)^2 + 500 =$ | |

二、一次性款项的终值与现值

表 2-2　　　　　　　　一次性款项的终值与现值

单利终值与现值	$F = P \times (1+i \times n)$ 其中，$(1+i \times n)$ 称为单利终值系数	单利终值系数与单利现值系数**互为倒数**
	$P = F \times [1/(1+i \times n)]$ 其中，$[1/(1+i \times n)]$ 称为单利现值系数	
复利终值与现值	$F = P \times (1+i)^n$ 其中，$(1+i)^n$ 称为复利终值系数，记为 $(F/P, i, n)$	复利终值系数与复利现值系数**互为倒数**
	$P = F \times (1+i)^{-n}$ 其中，$(1+i)^{-n}$ 称为复利现值系数，记为 $(P/F, i, n)$	

【例 2-1-计算分析题】　某人将 10 000 元投资于一项事业，年报酬率为 6%，第二年的本利和是多少？按单利计息和复利计息分别计算。

【答案】

按单利计息：$F = 10\,000 \times (1+6\% \times 2) = 11\,200$（元）

按复利计息：$F = 10\,000 \times (1+6\%)^2 = 11\,236$（元）
```

三、年金的终值与现值

表 2-3　　　　　　　　　　年金的终值与现值

概念	年金是指等额、定期的系列收支。
特点	① 金额相等 ② 时间间隔相等
分类	① 普通年金：每期期末发生的年金 ② 预付年金：每期期初发生的年金 ③ 递延年金：第二期或第二期以后每期期末发生的年金 ④ 永续年金：无限期的年金

1. 普通年金

(1) 普通年金终值(折算到 n 时点的价值)：

$$F = A \times (1+i)^{n-1} + A \times (1+i)^{n-2} + \cdots + A \times (1+i) + A$$
$$= A \times \frac{(1+i)^n - 1}{i}$$

其中，$\frac{(1+i)^n - 1}{i}$ 称为普通年金终值系数，记为 $(F/A, i, n)$。

(2) 普通年金现值(折算到 0 时点的价值)：

$$P = A \times (1+i)^{-1} + A \times (1+i)^{-2} + \cdots + A \times (1+i)^{-(n-1)} + A \times (1+i)^{-n}$$
$$= A \times \frac{1 - (1+i)^{-n}}{i}$$

其中，$\frac{1 - (1+i)^{-n}}{i}$ 称为普通年金现值系数，记为 $(P/A, i, n)$。

(3) 偿债基金：

已知普通年金终值，求年金。

$$F = A \times \frac{(1+i)^n - 1}{i}$$

$$A = F \times \frac{i}{(1+i)^n - 1}$$

其中，$\frac{i}{(1+i)^n - 1}$ 称为偿债基金系数，记为 $(A/F, i, n)$，与普通年金终值系数<u>互为倒数</u>。

(4) 资本回收额：

已知普通年金现值，求年金。

$$P = A \times \frac{1-(1+i)^{-n}}{i}$$

$$A = P \times \frac{i}{1-(1+i)^{-n}}$$

其中，$\frac{i}{1-(1+i)^{-n}}$ 称为资本回收系数，记为 $(A/P, i, n)$，与普通年金现值系数互为倒数。

【例2-2·计算分析题】 某人出国3年，请你代付房租，每年租金100元，设银行存款利率为10%，他应当现在给你在银行存入多少钱？

【答案】

$$P = 100 \times (P/A, 10\%, 3) = 100 \times 2.4869 = 248.69(元)$$

【例2-3·计算分析题】 拟在5年后还清10 000元债务，从现在起每年末等额存入银行一笔款项。假设银行存款利率为10%，每年需要存入多少元？

【答案】

$$10\,000 = A \times (F/A, 10\%, 5)$$
$$10\,000 = A \times 6.1051$$
$$A = 1\,638(元)$$

【例2-4·计算分析题】 假设以10%的利率借款20 000元，投资于某个寿命为10年的项目。每年至少要收回多少现金才是有利的？

【答案】

$$20\,000 = A \times (P/A, 10\%, 10)$$
$$20\,000 = A \times 6.1446$$
$$A = 3\,254(元)$$

2. 预付年金

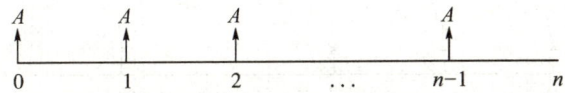

(1) 预付年金终值（折算到 n 时点的价值）：

$$F = A \times (1+i)^n + A \times (1+i)^{n-1} + A \times (1+i)^{n-2} + \cdots + A \times (1+i)$$
$$= A \times \left[\frac{(1+i)^{n+1}-1}{i} - 1\right]$$

其中，$\left[\dfrac{(1+i)^{n+1}-1}{i}-1\right]$ 称为预付年金终值系数。

方法1：

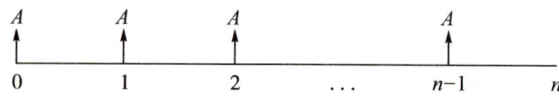

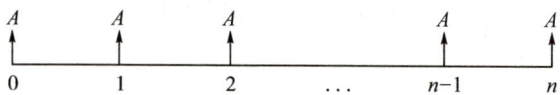

$$F=A\times(F/A,i,n+1)-A=A\times[(F/A,i,n+1)-1]$$

其中，与普通年金终值系数相比，期数加1、系数减1。

方法2：

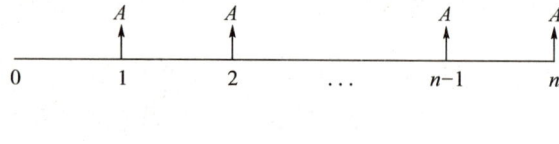

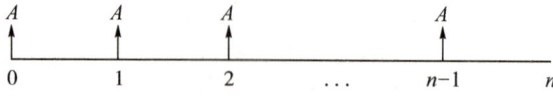

$$F=A\times(F/A,i,n)\times(1+i)$$

其中，与普通年金终值系数相比，乘以 $(1+i)$。

(2) 预付年金现值（折算到0时点的价值）：

$$P=A+A\times(1+i)^{-1}+A\times(1+i)^{-2}+\cdots+A\times(1+i)^{-(n-1)}$$
$$=A\times\left[\dfrac{1-(1+i)^{-(n-1)}}{i}+1\right]$$

其中，$\left[\dfrac{1-(1+i)^{-(n-1)}}{i}+1\right]$ 称为预付年金现值系数。

方法1：

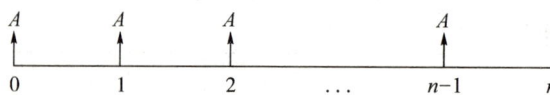

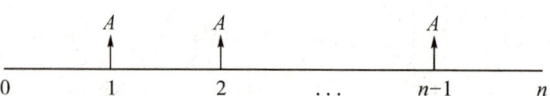

$$P = A \times (P/A, i, n-1) + A = A \times [(P/A, i, n-1) + 1]$$

其中,与普通年金现值系数相比,期数减 1、系数加 1。
方法 2:

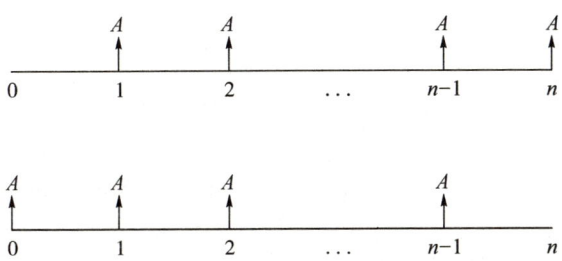

$$P = A \times (P/A, i, n) \times (1+i)$$

其中,与普通年金现值系数相比,乘以 $(1+i)$。

【例 2-5-计算分析题】 6 年分期付款购物,每年初付 200 元,设银行利率为 10%,该项分期付款相当于一次现金支付的购价是多少?
【答案】
方法 1:

$$P = 200 \times [(P/A, 10\%, 6-1) + 1] = 200 \times (3.7908 + 1) = 958.16(元)$$

方法 2:

$$P = 200 \times (P/A, 10\%, 6) \times (1 + 10\%) = 958.16(元)$$

3. 递延年金

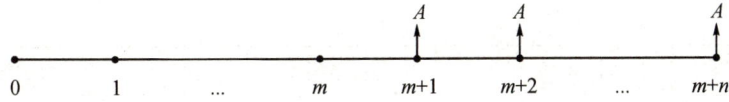

(1) 递延年金终值(折算到 $m+n$ 时点的价值):

$$F = A \times (F/A, i, n)$$

递延年金终值只与连续收支期(n)有关,与递延期(m)无关。
(2) 递延年金现值(折算到 0 时点的价值):
方法 1:

$$P = A \times (P/A, i, n) \times (P/F, i, m)$$

方法2：

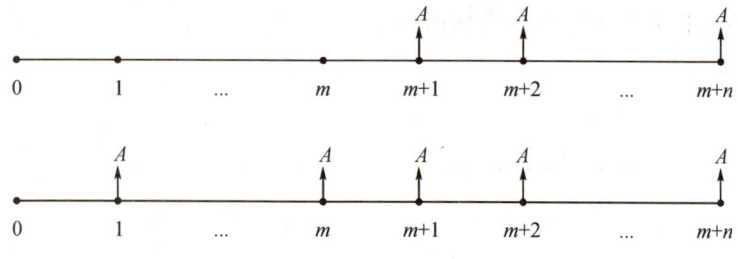

$$P = A \times (P/A, i, m+n) - A \times (P/A, i, m)$$

4. 永续年金

(1) 永续年金终值：**没有**

(2) 永续年金现值：

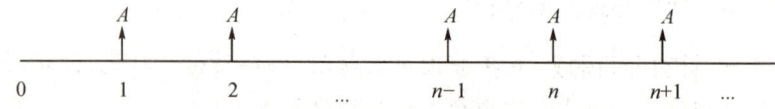

$$P(n \to \infty) = A \times \frac{1-(1+i)^{-n}}{i} = \frac{A}{i}$$

【例2-6-计算分析题】 如果1股优先股，每年分得股息2元，年利率为6%，则优先股的价值是多少？

【答案】
$$P = 2/6\% = 33.33(元)$$

【总结】

1. 系数维度

表2-4　　　　　　　　　　　系数维度

单利终值系数	单利现值系数	互为倒数
复利终值系数 (F/P, i, n)	复利现值系数 (P/F, i, n)	互为倒数
普通年金终值系数 (F/A, i, n)	偿债基金系数 (A/F, i, n)	互为倒数
普通年金现值系数 (P/A, i, n)	资本回收系数 (A/P, i, n)	互为倒数
预付年金终值系数	普通年金终值系数 (F/A, i, n)	方法1：期数加1，系数减1 方法2：乘以(1+i)
预付年金现值系数	普通年金现值系数 (P/A, i, n)	方法1：期数减1，系数加1 方法2：乘以(1+i)

2. 价值维度

表 2-5　　　　　　　　　　价值维度

	终值	现值
一次性款项（复利）	$F = P \times (1+i)^n = P \times (F/P, i, n)$	$P = F \times (1+i)^{-n} = F \times (P/F, i, n)$
普通年金	$F = A \times \dfrac{(1+i)^n - 1}{i}$ $= A \times (F/A, i, n)$	$P = A \times \dfrac{1-(1+i)^{-n}}{i}$ $= A \times (P/A, i, n)$
预付年金	$F = A \times (F/A, i, n) \times (1+i)$ $F = A \times [(F/A, i, n+1) - 1]$	$P = A \times (P/A, i, n) \times (1+i)$ $P = A \times [(P/A, i, n-1) + 1]$
递延年金	$F = A \times (F/A, i, n)$ 只与连续收支期(n)有关，与递延期(m)无关。	$P = A \times (P/A, i, n) \times (P/F, i, m)$ $P = A \times (P/A, i, m+n) - A \times (P/A, i, m)$
永续年金	没有	$P = A/i$

四、内插法

表 2-6　　　　　　　　　　内插法

问题引入	根据 $P = A \times (P/A, i, n)$，P、A、i 和 n 四个变量，知三可求一。
核心模型	在解析几何中，已知两点坐标，可求两点确定直线的解析式。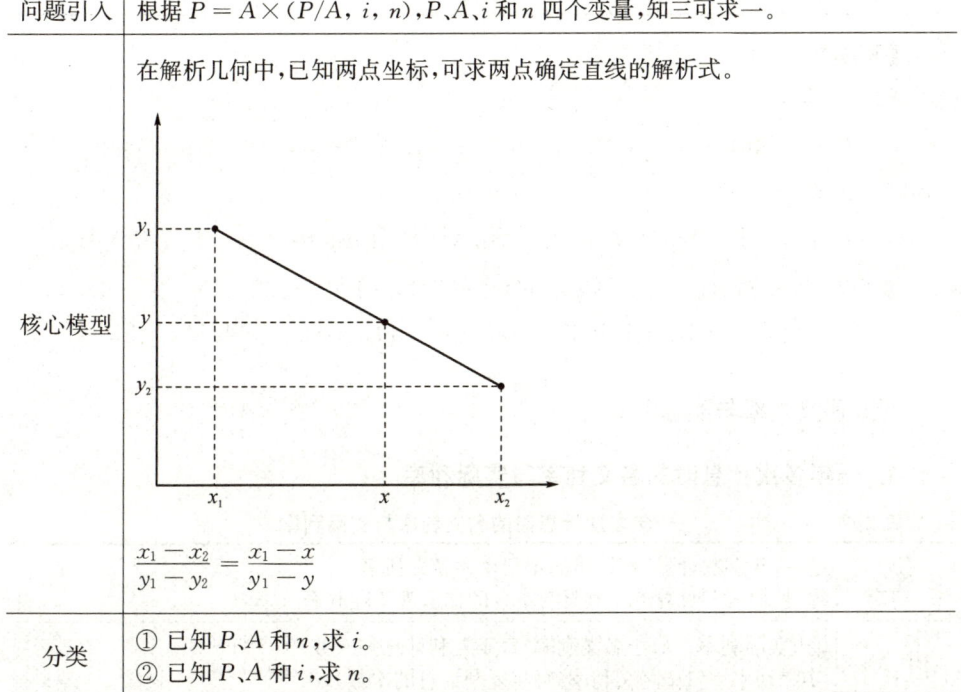$\dfrac{x_1 - x_2}{y_1 - y_2} = \dfrac{x_1 - x}{y_1 - y}$
分类	① 已知 P、A 和 n，求 i。 ② 已知 P、A 和 i，求 n。

【例2-7-计算分析题】 已知$(P/A, i, 5) = 4.2$,求i为多少?

年金现值系数表$(P/A, i, n)$

利率期限	4%	5%	6%	7%	8%
1	0.961 5	0.952 4	0.943 4	0.934 6	0.925 9
2	1.886 1	1.859 4	1.833 4	1.808 0	1.783 3
3	2.775 1	2.723 2	2.673 0	2.624 3	2.577 1
4	3.629 9	3.546 0	3.465 1	3.387 2	3.312 1
5	4.451 8	4.329 5	4.212 4	4.100 2	3.992 7

【答案】

运用插值法:

$(i - 6\%)/(7\% - 6\%) = (4.2 - 4.2124)/(4.1002 - 4.2124)$

$i = 6.11\%$

【例2-8-计算分析题】 已知$5 \times (P/A, i, 10) + 100 \times (P/F, i, 10) = 104$,求$i$的数值。

i	4%	5%
$(P/F, I, 10)$	0.675 6	0.613 9
$(P/A, I, 10)$	8.110 9	7.721 7

【答案】

设$i = 5\%$:

$5 \times (P/A, i, 10) + 100 \times (P/F, i, 10) = 5 \times 7.7217 + 100 \times 0.6139 = 100$

$i = 4\%$时,

$5 \times (P/A, i, 10) + 100 \times (P/F, i, 10) = 5 \times 8.1109 + 100 \times 0.6756 = 108.11$

根据$(5\% - i)/(5\% - 4\%) = (100 - 104)/(100 - 108.11)$

解得:$i = 5\% - (100 - 104)/(100 - 108.11) \times (5\% - 4\%) = 4.51\%$

五、名义利率与实际利率

1. 一年多次计息时的名义利率与实际利率

表2-7　　　　　　　一年多次计息时的名义利率与实际利率

概念	① 一年多次计息时,给出的年利率为名义利率 ② 按照复利计算的年利息与本金的比值为实际利率
计算	1+实际利率=(1+名义利率/每年复利计息的次数)^{每年复利计息的次数} 实际利率=(1+名义利率/每年复利计息的次数)^{每年复利计息的次数} -1

(续表)

结论	① 当每年计息一次时：实际利率＝名义利率 ② 当每年计息多次时：实际利率＞名义利率

【例2-9-计算分析题】 A公司平价发行一种一年期，票面利率为6%，每年付息一次，到期还本的债券；B公司平价发行一种一年期，票面利率为6%，每半年付息一次，到期还本的债券。计算两种债券的实际利率。

【答案】

A的实际利率＝6%

B的实际利率＝$(1+6\%/2)^2-1$＝6.09%

2. 通货膨胀情况下的名义利率与实际利率

表2-8　　　　　通货膨胀情况下的名义利率与实际利率

概念	① 在通货膨胀情况下，央行或其他提供资金借贷的机构所公布的利率是未调整通货膨胀因素的名义利率，即名义利率中包含通货膨胀率 ② 实际利率是指剔除通货膨胀率后储户或投资者得到利息回报的真实利率
计算	1＋名义利率＝(1＋实际利率)×(1＋通货膨胀率) 实际利率＝(1＋名义利率)/(1＋通货膨胀率)－1

【例2-10-计算分析题】 20×2年我国商业银行一年期存款年利率为3%，假设通货膨胀率为2%，则实际利率为多少？

【答案】

实际利率＝(1+3%)/(1+2%)－1＝0.98%

第二节　风险与收益

一、资产的收益及其衡量

表2-9　　　　　　　资产的收益及其衡量

概念	资产的收益是指资产的价值在一定时期的增值
表示	① 资产的收益额：绝对数，不便于比较 　利息、红利或股息收益 　资本利得 ② 资产的收益率或报酬率：相对数，便于比较 　利息(股息)的收益率 　资本利得的收益率

(续表)

衡量	实际收益率	实际收益率表示已经实现或确定可以实现的资产收益率
	预期收益率（期望收益率）	预期收益率是指在不确定条件下，预测的某种资产未来可能实现的收益率
		预期收益率 $= \sum_{i=1}^{n} R_i P_i$
	必要报酬率（最低必要报酬率、最低要求收益率）	必要报酬率表示投资者对某资产合理要求的最低收益率
		必要收益率＝无风险收益率＋风险收益率 无风险收益率＝纯粹利率(资金时间价值)＋通货膨胀补偿率 风险收益率：风险的大小、投资者对风险的偏好

【例2-11-计算分析题】 某企业有A、B两个投资项目，两个投资项目的收益率及其概率布情况如表所示，试计算两个项目的期望收益率。

A项目和B项目投资收益率的概率分布

项目实施情况	该种情况出现的概率		投资收益率	
	项目A	项目B	项目A	项目B
好	0.2	0.3	15%	20%
一般	0.6	0.4	10%	15%
差	0.2	0.3	0	−10%

【答案】
项目A的期望投资收益率＝0.2×0.15＋0.6×0.1＋0.2×0＝9%
项目B的期望投资收益率＝0.3×0.2＋0.4×0.15＋0.3×(−0.15)＝9%

二、资产的风险及其衡量

1. 资产的风险及其衡量

表2-10　　　　资产的风险及其衡量

概念	资产的风险是指收益的不确定性。从财务管理的角度看，风险是企业在各项财务活动中，由于各种难以预料或无法控制的因素作用，使企业的实际收益与预期收益发生背离，从而蒙受经济损失的可能性		
衡量	期望	$E(R) = \sum_{i=1}^{n} R_i P_i$	衡量收益
	方差	$D(R) = \sum_{i=1}^{n} (R_i - E(R))^2 P_i$	衡量风险（绝对数） 当期望相同时，方差越大，风险越大

(续表)

衡量	标准差	$\sigma=\sqrt{D(R)}$	衡量风险(绝对数) 当期望相同时,标准差越大,风险越大。
	标准差率	$V=\dfrac{\sigma}{E(R)}$	衡量风险(相对数) 标准差率越大,风险越大。

【例 2-12-计算分析题】 根据上述资料,分别计算上例中 A、B 两个项目投资收益率的方差和标准差,并比较 A、B 两个项目的风险大小。

【答案】

(1) 项目 A 的期望投资收益=0.2×15%+0.6×10%+0.2×0=9%

项目 B 的期望投资收益率=0.3×20%+0.4×15%+0.3×(-10%)=9%

(2) 项目 A 的方差=0.2×(15%-9%)²+0.6×(10%-9%)²+0.2×(0-9%)²=0.002 4

项目 B 的方差=0.3×(20%-9%)²+0.4×(15%-9%)²+0.3×(-10%-9%)²=0.015 9

(3) 项目 A 的标准差=$\sqrt{0.002\ 4}$=0.049

项目 B 的标准差=$\sqrt{0.015\ 9}$=0.126

所以:B 项目的风险大。

【例 2-13-计算分析题】 假设项目 A 和项目 B 的期望投资收益率分别为 10% 和 12%,投资收益率的标准差分别为 6% 和 7%,比较项目 A 和项目 B 的风险大小。

【答案】

项目 A 的标准差率=6%/10%×100%=60%

项目 B 的标准差率=7%/12%×100%=58.33%

计算结果表明项目 A 的风险高于项目 B。

2. 风险矩阵

表 2-11　　　　　　　　　　风险矩阵

概念	按照风险发生的可能性和风险发生后果的严重程度,将风险绘制在矩阵图中,展示风险及其重要性等级的风险管理工具方法
基本原理	根据企业风险偏好,判断并度量风险发生可能性和后果严重程度,计算风险值,以此作为主要依据在矩阵中描绘出风险重要性等级
适用范围	适用于表示企业各类风险重要性等级,也适用于各类风险的分析评价和沟通报告
工具	风险矩阵坐标图
优点	为企业确定各项风险重要性等级提供了可视化的工具

(续表)

缺点	① 需要对风险重要性等级标准、风险发生可能性、后果严重程度等做出主观判断,可能影响使用的准确性 ② 应用风险矩阵所确定的风险重要性等级是通过相互比较确定的,因而无法将列示的个别风险重要性等级通过数学运算得到总体风险的重要性等级

3. 风险管理原则

表 2-12　　　　　　　　　　　　风险管理原则

融合性原则	企业风险管理应与企业的战略设定、经营管理与业务流程相结合
全面性原则	企业风险管理应覆盖企业所有的风险类型、业务流程、操作环节和管理层级与环节
重要性原则	企业应对风险进行评价,确定需要进行重点管理的风险,并有针对性地实施重点风险监测,及时识别、应对
平衡性原则	企业应权衡风险与回报、成本与收益之间的关系

4. 风险对策

表 2-13　　　　　　　　　　　　风险对策

规避风险	含义	当资产风险所造成的损失不能由该资产可能获得的收益予以抵消时,应当放弃该资产,以规避风险
	举例	① 拒绝与不守信用的厂商业务往来 ② 放弃可能明显导致亏损的投资项目 ③ 新产品在试制阶段发现诸多问题而果断停止试制
减少风险	含义	① 控制风险因素,减少风险的发生 ② 控制风险发生的频率和降低风险损害程度
	举例	① 进行准确的预测 ② 对决策进行多方案优选和相机替代 ③ 及时与政府部门沟通获取政策信息 ④ 在开发新产品前,充分进行市场调研 ⑤ 采用多领域、多地域、多项目、多品种的经营或投资以分散风险
转移风险	含义	对可能给企业带来灾难性损失的资产,企业应以一定代价,采取某种方式转移风险
	举例	① 向专业性保险公司投保 ② 采取合资、联营、联合开发等措施实现风险共担 ③ 通过技术转让、租赁经营和业务外包等实现风险转移
接受风险	含义	① 风险自担是指风险损失发生时,直接将损失摊入成本或费用,或冲减利润 ② 风险自保是指企业预留一笔风险金或随着生产经营的进行,有计划地计提资产减值准备等

三、证券资产组合的风险与收益

1. 系统风险和非系统风险(第一部分)

表 2-14　　　　　　　　　　系统风险和非系统风险

系统风险	① 系统风险是由影响整个资本市场和市场上所有公司的因素引起,又称市场风险 ② 系统风险不能通过投资多元化来减少或消除,又称不可分散风险 ③ 系统风险会从资本市场上得到相应的补偿
非系统风险	① 非系统风险是由只影响个别公司的特有事件所引起,又称特殊风险或特有风险 ② 非系统风险可以通过投资的多元化来消除,又称可分散风险 ③ 非系统风险不会从资本市场上得到任何补偿

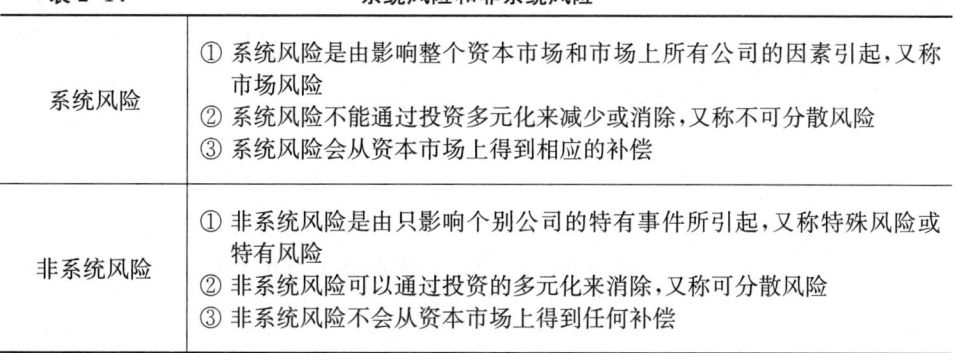

度量	总风险＝系统风险＋非系统风险 总风险的度量指标：标准差 系统风险的度量指标：贝塔系数

表 2-15　　　　　　　　　系统风险和非系统风险(续)

贝塔系数	概念	贝塔系数是系统风险的度量指标,其大小反映资产报酬率的波动与整个市场报酬率波动之间的相关性及程度
	理解	① $\beta_j > 0$ 时,资产报酬率的波动与整个市场报酬率波动的方向一致 　　$\beta_j > 1$ 时,资产的系统风险程度大于整个市场组合的系统风险 　　$\beta_j = 1$ 时,资产的系统风险程度与整个市场组合的系统风险一致 　　$0 < \beta_j < 1$ 时,资产的系统风险程度小于整个市场组合的系统风险 　　$\beta_j = 0$ 时,资产的系统风险程度等于 0 ② $\beta_j < 0$ 时,资产报酬率的波动与整个市场报酬率波动的方向相反

2. 证券资产组合的风险与收益

表 2-16　　　　　　　　证券资产组合的风险与收益

预期收益率	计算	$E(R) = w_1 E(R_1) + w_2 E(R_2)$
	理解	最低收益率≤证券资产组合的预期收益率≤最高收益率 ① 当全部资金投资于最低收益率的资产时,该证券资产组合为最低收益率组合 ② 当全部资金投资于最高收益率的资产时,该证券资产组合为最高收益率组合
标准差	计算	$\sigma_R = \sqrt{w_1^2 \sigma_1^2 + w_2^2 \sigma_2^2 + 2 w_1 w_2 \sigma_1 \sigma_2 \rho_{12}}$
	理解	① $\rho_{12}=1$ 时,两项资产完全正相关,$\sigma_R = w_1 \sigma_1 + w_2 \sigma_2$,$\sigma_R$ 取最大值,证券资产组合不能分散任何风险 ② $\rho_{12}=-1$ 时,两项资产完全负相关,$\sigma_R = \vert w_1 \sigma_1 - w_2 \sigma_2 \vert$,$\sigma_R$ 取最小值,证券资产组合可以完全分散风险 ③ $-1<\rho_{12}<1$ 时,两项资产不完全相关,证券资产组合只能分散部分风险。特别地,当 $\rho_{XY}=0$ 时,两项资产不相关,证券资产组合只能分散部分风险
贝塔系数	计算	$\beta_R = w_1 \beta_1 + w_2 \beta_2$
	理解	最小贝塔系数≤证券资产组合的贝塔系数≤最大贝塔系数

【例 2-14 -计算分析题】 某投资公司的一项投资组合中包含 A、B 和 C 三种股票,权重分别为 30%、40% 和 30%,三种股票的预期收益率分别为 15%、12%、10%。要求计算该投资组合的预期收益率。

【答案】

该投资组合的预期收益率 = 30%×15% + 40%×12% + 30%×10% = 12.3%

【例 2-15 -计算分析题】 某资者打算用 20 000 元购买 A、B、C 三种股票,股价分别为 40 元、10 元、50 元;β 系数分别为 0.7、1.1 和 1.7。现有两个组合方案可供选择:

甲方案:购买 A、B、C 三种股票的数量分别是 200 股、200 股、200 股;

乙方案:购买 A、B、C 三种股票的数量分别是 300 股、300 股、100 股。

如果该投资者最多能承受 1.2 倍的市场组合系统风险,会选择哪个方案。

【答案】

甲方案:

A 股票比例:40×200÷20 000×100% = 40%

B 股票比例:10×200÷20 000×100% = 10%

C 股票比例:50×200÷20 000×00% = 50%

甲方案的 β 系数 $=40\%\times0.7+10\%\times1.1+50\%\times1.7=1.24$
乙方案：
A 股票比例：$40\times300\div20\,000\times100\%=60\%$
B 股票比例：$10\times300\div20\,000\times100\%=15\%$
C 股票比例：$50\times100\div20\,000\times100\%=25\%$
乙方案的 β 系数 $=60\%\times0.7+15\%\times1.1+25\%\times1.7=1.01$
投资者最多能承受 1.2 倍的市场组合系统风险，意味着该投资者能承受的 β 系数最大值为 1.2，所以，该投资者会选择乙方案。

四、资本资产定价模型(CAPM)

1. 基本原理

表 2-17　　　　　　　　　　　　　　基本原理

$R_i = R_f + \beta_i \times (R_m - R_f)$
R_f：无风险报酬率
R_m：市场报酬率
$R_m - R_f$：市场风险溢价
β_i：某项投资所分担的市场风险(系统风险)
$\beta_i(R_m - R_f)$：某项投资所分享的风险溢价

【例 2-16-计算分析题】　根据上述资料，假设平均风险的风险收益率为 5%，平均风险的必要收益率为 8%，计算乙方案的风险收益率和必要收益率。

【答案】

乙方案的风险收益率 $=1.01\times5\%=5.05\%$
乙方案的必要收益率 $=3\%+5.05\%=8.05\%$

2. 有效性和局限性

表 2-18　　　　　　　　　　　　　有效性和局限性

有效性	CAPM 最大的贡献在于它提供了对风险和收益之间的一种实质性的表述，CAPM 首次将"高收益伴随着高风险"这样一种直观认识，用这样简单的关系式表达出来。到目前为止，CAPM 是对现实中风险与收益关系最为贴切的表述
局限性	① 某些资产或企业的 β 值难以估计，特别是对一些缺乏历史数据的新兴行业 ② 由于经济环境的不确定性和不断变化，使得依据历史数据估算出来的 β 值对未来的指导作用必然要打折扣 ③ CAPM 是建立在一系列假设之上的，其中一些假设与实际情况有较大偏差，使得 CAPM 的有效性受到质疑。这些假设包括：市场是均衡的，市场不存在摩擦，市场参与者都是理性的，不存在交易费用，税收不影响资产的选择和交易等

第三节 成本性态分析

表 2-19　　成本性态与成本性态分析

成本性态	成本性态,又称成本习性,是指成本的变动与业务量之间的依存关系
成本性态分析	成本性态分析是对成本与业务量之间的依存关系进行分析,从而在数量上具体掌握成本与业务量之间关系的规律性,以便为企业正确地进行最优管理决策和改善经营管理提供有价值的资料

一、固定成本

表 2-20　　固定成本

概念		固定成本是指在特定的业务量范围内不受业务量变动影响,一定期间的总额能保持相对稳定的成本
分类	约束性固定成本（经营能力成本）	约束性固定成本是指管理当局的短期经营决策行动不能改变其具体数额的固定成本 例如:保险费、房屋租金、固定的设备折旧、管理人员的基本工资等 降低约束性固定成本的途径:合理利用企业现有的生产能力,提高生产效率,以取得更大的经济效益
	酌量性固定成本（经营方针成本）	酌量性固定成本是指管理当局的短期经营决策行动能改变其数额的固定成本 例如:广告费、职工培训费、新产品研究开发费用等 降低酌量性固定成本的途径:厉行节约、精打细算,编制出积极可行的费用预算并严格执行,防止浪费和过度投资等

二、变动成本

表 2-21　　变动成本

概念		变动成本是指在特定业务量范围内其总额随业务量变动而正比例变动的成本
分类	技术性变动成本（约束性变动成本）	技术性变动成本是指与产量有明确的技术或实物关系的变动成本 例如:生产产品所需要耗费的直接材料
	酌量性变动成本	酌量性变动成本是指通过管理当局的决策行动可以改变的变动成本 例如:按销售收入的一定百分比支付的销售佣金、新产品研制费、技术转让费

三、混合成本

表 2-22　　　　　　　　　　　混合成本

概念		混合成本是指除固定成本和变动成本之外的成本,它们因产量变动而变动,但不是呈正比例关系。
分类	半变动成本	指在初始成本的基础上随业务量正比例增长的成本。
	半固定成本	指成本总额随产量呈阶梯式增长的成本。
	延期变动成本	指在一定产量范围内总额保持稳定,超过特定产量则开始随产量比例增长的成本。
	曲线变动成本	包括递增曲线成本和递减曲线成本。在相关范围内可以近似地看成是变动成本或半变动成本。

表 2-23　　　　　　　　　　混合成本的分解

分解			
	高低点法	概念	它是以过去某一会计期间的总成本和业务量资料为依据,从中选取<u>业务量最高点</u>和<u>业务量最低点</u>,将总成本进行分解,得出成本性态的模型
		计算	$Y = a + bX$ $Y_{高} = a + bX_{高}$ $Y_{低} = a + bX_{低}$ $b = (Y_{高} - Y_{低})/(X_{高} - X_{低})$ $a = Y_{高} - (Y_{高} - Y_{低})/(X_{高} - X_{低}) \times X_{高}$
		特点	计算简单,但它只采用了历史成本资料中的高点和低点两组数据,故代表性较差
	回归分析法	概念	它根据过去一定期间的业务量和混合成本的历史资料,应用最小二乘法原理,算出最能代表业务量与混合成本关系的回归直线,借以确定混合成本中固定成本和变动成本的方法
		特点	是一种较为精确的方法
	账户分析法	概念	又称会计分析法,它是根据有关成本账户及其明细账的内容,结合其与产量的依存关系,判断其比较接近哪一类成本,就视其为哪一类成本
		特点	简便易行,但比较粗糙且带有主观判断
	技术测定法	概念	又称工业工程法,它是根据生产过程中各种材料和人工成本消耗量的技术测定来划分固定成本和变动成本的方法
		特点	该方法通常只适用于投入成本与产出数量之间有规律性联系的成本分解
	合同确认法	概念	它是根据企业订立的经济合同或协议中关于支付费用的规定,来确认并估算哪些项目属于变动成本,哪些项目属于固定成本的方法
		特点	合同确认法要配合账户分析法使用

【例 2-17 -计算分析题】 假设 A 公司的业务量以直接人工小时为单位,20×7年 12 个月份的业务量在 5.0 万~7.5 万小时之间变化,维修成本与业务量之间的关系如下表所示。

A 公司维修成本与业务量之间的关系

月份	1	2	3	4	5	6	7	8	9	10	11	12
业务量（万小时）	5.1	5.5	5.6	6.0	6.1	7.5	7.4	7.2	7.0	6.8	6.5	5.0
维修成本（万元）	100	104	105	108	109	120	121	118	115	112	111	101

【答案】

本例中,最高点业务量为 7.5 万小时,对应的维修成本为 120 万元;最低点业务量为 5.0 万小时,对应的维修成本为 101 万元,所以:

单位变动成本=(120－101)/(7.5－5.0)=7.6(万元/万小时)

固定成本=120－7.6×7.5=63(万元)

或：=101－7.6×5.0=63(万元)

维修成本的一般方程

$Y = 63 + 7.6X$

四、总成本模型

表 2-24　　　　　　　　　总成本模型

总成本 = 固定成本总额 + 变动成本总额
　　　 = 固定成本总额 + 单位变动成本 × 业务量
　　　$Y = a + bX$

第三章 预算管理

考试分析

从近3年考试来看,平均分值为9分,从题型来看客观题、主观题都有出题的可能性。

思维导图

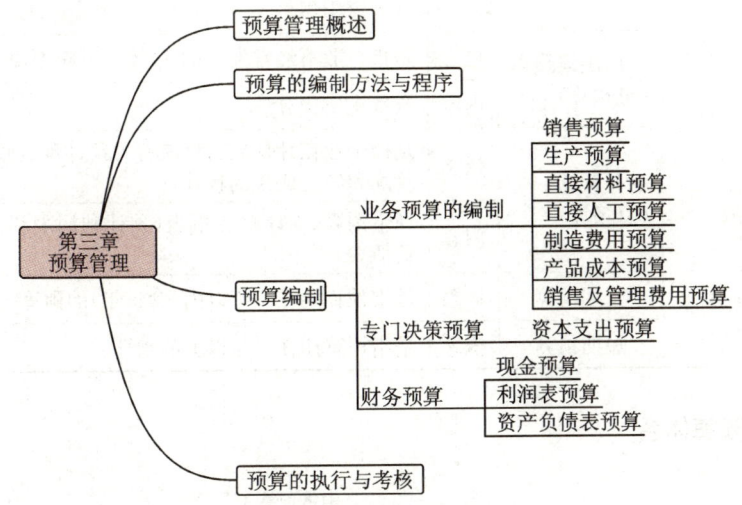

第一节 预算管理概述

一、预算的特征与作用

表 3-1　　　　　　　　预算的特征与作用

概念	预算是企业在预测、决策的基础上,用数量和金额以表格的形式反映企业未来一定时期内经营、投资、筹资等活动的具体计划,是为实现企业目标而对各种资源和企业活动所做的详细安排。预算是一种可据以执行和控制经济活动的、最为具体的计划,是对目标的具体化,是企业战略导向预定目标的有力工具
特征	① 预算与企业的战略或目标保持一致 ② 数量化和可执行性是预算最主要的特征,是将企业活动导向预定目标的有力工具

(续表)

作用	① 预算通过引导和控制经济活动,使企业经营达到预期目标 ② 预算可以实现企业内部各个部门之间的协调 ③ 预算可以作为业绩考核的标准

二、预算的分类

表 3-2　　　　　　　　　　预算的分类

根据内容不同	业务预算 (分预算)	概念	是指企业日常经营活动直接相关的经营业务的各种预算
		内容	销售预算、生产预算、直接材料预算、直接人工预算、制造费用预算、产品成本预算、销售费用预算、管理费用预算
	专门决策预算 (分预算)	概念	是指企业不经常发生的、一次性的重要决策预算
		内容	资本支出预算
	财务预算 (总预算)	概念	是指企业在计划期内反映有关预计现金收支、财务状况和经营成果的预算
		内容	现金预算、预计财务报表(预计利润表和预计资产负债表)
按预算指标覆盖的时间长短不同	长期预算	概念	是指预算期在1年以内(含1年)的预算
	短期预算	概念	是指预算期在1年以上的预算

三、预算体系

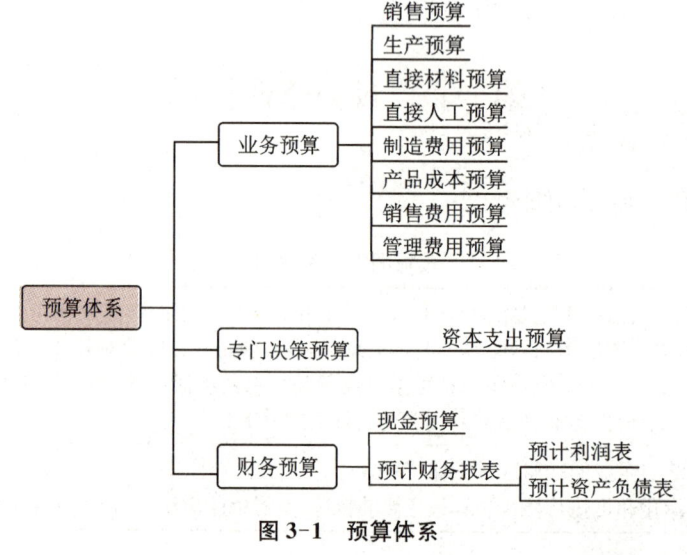

图 3-1　预算体系

四、预算工作的组织

表 3-3　　　　　　　　　　预算工作的组织

董事会、经理办公会或类似机构	决策层	对企业预算管理负总责。并对企业法定代表人负责。
预算委员会或财务管理部门	管理层和考核层	主要拟订目标、审议、平衡预算方案;组织下达预算,协调解决问题,组织审计、考核等。
财务管理部门	管理层和考核层	跟踪管理,监督执行,分析差异及原因,提出改进管理的意见与建议。
企业内部各职能部门	执行层	其主要负责人参与企业预算委员会的工作,并对本部门预算执行结果承担责任。
企业所属基层单位	执行层	其主要负责人对本单位财务预算的执行结果承担责任。

第二节　预算的编制方法与程序

一、预算的编制方法

(一) 增量预算与零基预算

表 3-4　　　　　　　　　　增量预算与零基预算

按出发点的特征不同	增量预算	概念	指以基期成本费用水平为基础,结合预算期业务量水平及有关降低成本的措施,通过调整有关费用项目而编制预算的方法
		缺点	① 可能导致无效费用开支项目无法得到有效控制 ② 可能使原来不合理的费用继续开支而得不到控制,形成不必要开支合理化,造成预算上的浪费
	零基预算	概念	不考虑以往会计期间所发生的费用项目或费用数额,而是一切以零为出发点,根据实际需要逐项审议预算期内各项费用的内容及开支标准是否合理,在综合平衡的基础上编制费用预算的方法
		优点	① 不受现有费用项目的限制 ② 不受现行预算的束缚 ③ 有利于调动各方面节约费用的积极性 ④ 有利于促使各基层单位精打细算,合理使用资金
		缺点	编制工作量大。

(二)固定预算与弹性预算

表 3-5　　固定预算与弹性预算

按业务量基础的数量特征的不同	固定预算（静态预算）	概念	在编制预算时,只根据预算期内正常、可实现的某一固定的业务量(如生产量、销售量等)水平作为唯一基础来编制预算的方法
		缺点	① 适应性差 ② 可比性差
		适用范围	经营业务稳定,生产产品产销量稳定,能准确预测产品需求及产品成本的企业,也可用于编制固定费用预算
	弹性预算（动态预算）	概念	是在成本性态分析的基础上,依据业务量、成本和利润之间的联动关系,按照预算期内可能的一系列业务量(如生产量、销售量、工时等)水平编制的系列预算方法
		优点	① 按一系列业务量编制,预算范围扩大 ② 按成本性态分类列示,在预算执行中可以计算一定实际业务量的预算成本,便于预算执行的评价和考核
		适用范围	理论上,适用于编制全面预算中所有与业务量有关的预算,但实务中主要用于编制成本费用预算和利润预算,尤其是成本费用预算

1. 弹性预算法的业务量

表 3-6　　弹性预算法的业务量

业务量的选择	编制弹性预算,要选用一个最能代表生产经营活动水平的业务量计量单位。例如,以手工操作作为主的车间,就应选用人工工时;制造单一产品或零件的部门,可以选用实物数量;修理部门可以选用直接修理工时等
业务量的范围	弹性预算法所采用的业务量范围,视企业或部门的业务量变化情况而定,务必使实际业务量不至于超出相关的业务量范围。一般来说,可定在正常生产能力的 70%～110% 之间,或以历史上最高业务量和最低业务量为其上下限。弹性预算法编制预算的准确性,在很大程度上取决于成本性态分析的可靠性

2. 弹性预算法的编制

表 3-7　　弹性预算法的编制

公式法	计算	$y = a + bx$ y：某项预算成本总额 a：预算固定成本总额 b：预算单位变动成本 x：预计业务量
	优点	只要给定 a 和 b,就可计算任何业务量的预算成本
	缺点	半固定成本和曲线变动成本只能用数学方法修正为直线,才能应用公式法

(续表)

列表法	计算	① 定的业务量范围 ② 业务量划分为若干不同水平 ③ 计算不同业务量水平的预算值,汇总列入一个预算表格
	优点	① 不管实际业务量多少,不必经过计算即可找到与业务量相近的预算成本。 ② 混合成本中的阶梯成本和曲线成本,可按总成本性态模型计算填列,不必用数学方法修正为近似的直线成本。
	缺点	由于业务量不连续,在评价和考核实际成本时,往往需要使用插补法来计算"实际业务量的预算成本",比较麻烦。

【例3-1-计算分析题】 某企业制造费用中的修理费用与修理工时密切相关。经测算,预算期修理费用中的固定修理费用为3 000元,单位工时的变动修理费用为2元;预计预算期的修理工时为3 500小时。

要求:运用公式法,测算预算期的修理费用。

【答案】 预算期的修理费用=3 000+2×3 500=10 000(元)

【例3-2-计算分析题】 A企业经过分析得出某种产品的制造费用与人工工时密切相关,采用公式法编制的制造费用预算如下表所示。

制造费用预算(公式法)

业务量范围	420~660(人工工时)	
费用项目	固定费用(元/月)	变动费用(元/人工工时)
运输费用		0.20
电力费用		1.00
材料费用		0.10
修理费用	85	0.85
油料费用	108	0.20
折旧费用	300	
人工费用	100	
合计	593	2.35
备注	当业务量超过600工时后,修理费中的固定费用将由85元上升为185元	

【例3-3-计算分析题】 A企业采用列表法编制的20×9年6月制造费用预算如下表所示。设实际工时为500工时,实际发生制造费用1750元。

要求:评价其实际成本控制业绩。

制造费用预算(列表法)   单位:元

业务量(直接人工工时)	420	480	540	600	660
占正常生产能力百分比	70%	80%	90%	100%	110%
变动成本:					
运输费用($b=0.2$)	84	96	108	120	132
电力费用($b=1.0$)	420	480	540	600	660
材料费用($b=0.1$)	42	48	54	60	66
合　计	546	624	702	780	858
混合成本:					
修理费用	442	493	544	595	746
油料费用	192	204	216	228	240
合　计	634	697	760	823	986
固定成本:					
折旧费用	300	300	300	300	300
人工费用	100	100	100	100	100
合　计	400	400	400	400	400
总　计	1 580	1 721	1 862	2 003	2 244

【答案】

计算实际业务量的预算成本

(1) 变动成本 $=(0.2+1+0.1)\times 500=650$(元)

(2) 固定成本 $=400$(元)

(3) 混合成本:内插法

设实际业务的预算修理费为 x 元,则 $(500-480)/(540-480)=(x-493)/(544-493)$,$x=510$(元)

油料费用在480小时和540小时分别为204元和216元,利用内插法,500小时对应的油料费用为208元。

500 小时预算成本＝650＋400＋510＋208＝1 768(元)

实际发生制造费用 1 750 元＜实际业务的预算制造费用 1 768 元,实际成本控制较好。

(三) 定期预算和滚动预算

表 3-8　　　　　　　　　　定期预算和滚动预算

按预算期的时间特征不同	定期预算	概念	以不变的会计期间(如日历年度)作为预算期的一种编制预算的方法
		优点	能够使预算期间与会计期间相对应,便于将实际数与预算数进行对比,也有利于对预算执行情况进行分析和评价
		缺点	固定以 1 年为预算期,在执行了一段时期之后,往往使管理人员只考虑剩下来的几个月的业务量,缺乏长远打算,导致一些短期行为的出现
	滚动预算	概念	将预算期与会计期脱离开随着预算的执行不断补充预算,逐期向后滚动,使预算期始终保持为一个固定长度(一般为 12 月)的预算方法
		优点	能够保持预算的持续性,有利于结合企业近期目标和长期目标,考虑未来业务活动;使预算随时间的推进不断加以调整和修订,能使预算与实际情况更相适应,有利于充分发挥预算的指导和控制作用
		缺点	编制工作量大

表 3-9　　　　　　　　　　滚动预算的分类

滚动预算	逐月滚动	逐月滚动是指在预算编制过程中,以月份为预算的编制和滚动单位,每个月调整一次预算的方法。编制的预算比较精确,但工作量比较大
	逐季滚动	逐季滚动方式是指在预算编制过程中,以季度为预算的编制和滚动单位,每个季度调整一次预算的方法。其比逐月滚动工作量小,但精确度较差
	混合滚动	混合滚动是指在预算编制过程中,同时以月份和季度作为预算的编制和滚动单位的方法。这种预算方法的理论依据是:人们对未来的了解程度具有对近期把握较大,对远期的预计把握较小的

二、预算的编制程序

表 3-10　　　　　　　　　　预算的编制程序

一般应按照"上下结合、分级编制、逐级汇总"的程序进行。
① 提出及下达目标
② 编制上报
③ 审查平衡
④ 审议批准
⑤ 下达执行

第三节 预算编制

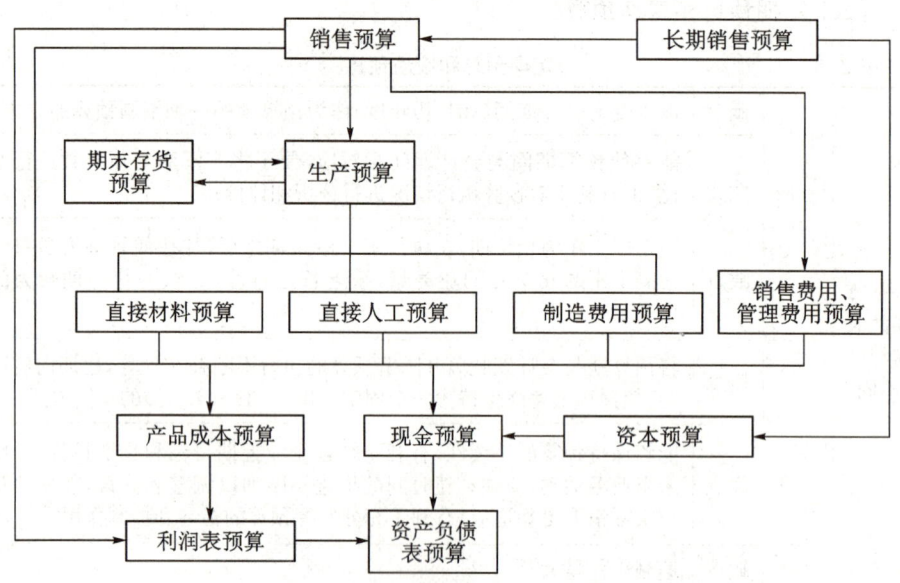

图3-2 制造业企业全面预算体系关系图

一、销售预算

表3-11　　　　　　　　　销售预算

内容	销售量、单价、销售收入、预计现金收入
计算	按照收付实现制 销售收入＝销售量×单价 预计现金收入＝当期现销收入＋收回前期赊销收入
特点	销售预算是整个预算的编制起点,其他预算的编制都以销售预算为基础。

【例3-4-计算分析题】 假设每季度销售收入中,本季度收到现金60％,另外的40％现金要到下季度才能收到。(即当季度收到当季度60％,收到上季度40％)

要求:(1)计算年末应收账款;(2)计算全年现金收入;(3)若本题改为本季度收现60％,下季度收现30％,下下季度收现10％,计算第三季度现金收入和第三季度末应收账款。

销售预算					单位：元
季度	一	二	三	四	全年
预计销售量(件)	100	150	200	180	630
预计单位售价	200	200	200	200	200
销售收入	20 000	30 000	40 000	36 000	126 000
预计现金收入					
上年应收账款	6 200				6 200
第一季度(销货 20 000)	12 000	8 000			20 000
第二季度(销货 30 000)		18 000	12 000		30 000
第三季度(销货 40 000)			24 000	16 000	40 000
第四季度(销货 36 000)				21 600	21 600
现金收入合计	18 200	26 000	36 000	37 600	117 800

【答案】

(1) 年末应收账款＝36 000×40％＝14 400(元)

(2) 全年现金收入合计 117 800 元算法：

方法一：各季度相加(教材算法)

方法二：

全年现金收入＝当年收入－当年应收未收＋本期收回上年数＝126 000－36 000×40％＋6 200＝117 800(元)

(3) 若本季度收现 60％，下季度收现 30％，下下季度收现 10％，则

① 第三季度现金收入＝40 000×60％＋30 000×30％＋20 000×10％＝35 000(元)；(关注收到多少)

② 三季度末应收账款＝30 000×10％＋40 000×40％＝19 000(元)。(关注多少未收)

二、生产预算

表 3-12　　　　　　　　　　生产预算

编制基础	以销售预算为基础编制
内容	销售量、期初和期末产成品存货、生产量

(续表)

计算	预计期末产成品存货＝下期销售量×a% 预计期初产成品存货＝上期期末产成品存货 预计生产量＝(预计销售量＋预计期末产成品存货)－预计期初产成品存货
特点	营业预算中唯一只以实物量表示的预算

【例3-5-计算分析题】 本例假定期末存货数量通常按下期销售量的10%安排存货。同时假设年初有存货10件,年末留存20件。

要求:计算全年生产量。

生产预算　　　　　　　　　　单位:件

季度	一	二	三	四	全年
预计销售量	100	150	200	180	630
加:预计期末产成品存货	15	20	18	20	20
合计	115	170	218	200	650
减:预计期初产成品存货	10	15	20	18	10
预计生产量	105	155	198	182	640

【答案】

全年预计生产量合计640件算法:

方法一:各季度相加(教材算法)

方法二:期初数＋本期增加－本期减少＝期末数(以年表达)

　　　　10＋本期增加－630＝20

　　　　全年预计生产量＝本期增加＝640(件)

三、直接材料预算

表3-13　　　　　　　　直接材料预算

编制基础	以生产预算为基础编制,还要考虑预算期期初、期末的原材料存量
内容	直接材料的单位产品用量、生产需要量、期初和期末存量、预计采购量、预计现金支出
计算	预计期末存量＝下期生产需用量×a% 预计期初存量＝上期末存量 本期采购数量＝(本期生产耗用数量＋预计期末存量)－预计期初存量 预计现金支出＝材料采购支出＝当期现购支出＋支付前期赊购

【例3-6-计算分析题】 期末材料存量通常按下期生产需用量的一定百分比确定,本例按20%计算。本例假设材料采购的货款有50%在本季度内付清,另外50%在下季度付清。本例假设年初材料存货300千克,年末留存400千克。

要求:(1)计算全年采购量;(2)计算年末应付账款;(3)计算全年现金支出;(4)若本题改为本季度付现50%,下季度付现30%,下下季度付现20%,计算第三季度现金支出和第三季度末应付账款。

直接材料预算

季度	一	二	三	四	全年
预计生产量(件)	105	155	198	182	640
单位产品材料用量(千克/件)	10	10	10	10	10
生产需用量(千克)	1 050	1 550	1 980	1 820	6 400
加:预计期末存量(千克)	310	396	364	400	400
合计	1 360	1 946	2 344	2 220	6 800
减:预计期初存量(千克)	300	310	396	364	300
预计材料采购量(千克)	1 060	1 636	1 948	1 856	6 500
单价(元/千克)	5	5	5	5	5
预计采购金额(元)	5 300	8 180	9 740	9 280	32 500
预计现金支出					
上年应付账款	2 350				2 350
第一季度(采购5 300元)	2 650	2 650			5 300
第二季度(采购8 180元)		4 090	4 090		8 180
第三季度(采购9 740元)			4 870	4 870	9 740
第四季度(采购9 280元)				4 640	4 640
合计	5 000	6 740	8 960	9 510	30 210

【答案】

(1) 全年预计采购量合计6 500件算法:

方法一:各季度相加(教材算法)

方法二:期初数+本期增加-本期减少=期末数(以年表达)

300+本期增加-6 400=400(件)

全年预计采购量=本期增加=6 500(件)

(2) 年末应付账款=9 280×50%=4 640(元)

(3) 全年现金支出合计30 210元算法:

方法一:各季度相加(教材算法)

方法二:

全年现金收入＝当年采购金额－当年应付未付＋本期支付上年数＝32 500－9 280×50％＋2 350＝30 210(元)

(4) 若本季度付现50％,下季度付现30％,下下季度付现20％,则

① 第三季度现金支出＝9 740×50％＋8 180×30％＋5 300×20％＝8 384(元);(关注付出多少)

② 三季度末应付账款＝9 740×50％＋8 180×20％＝6 506(元)。(关注多少未付)

四、直接人工预算

表 3-14　　　　　　　　　　直接人工预算

编制基础	以生产预算为基础编制。预计产量来自生产预算
内容	预计产量、单位产品工时、人工总工时、每小时人工成本、人工总成本
特点	由于不拖欠工资,不需另外预计现金支出,可直接参加现金预算的汇总

【例 3-7-计算分析题】 直接人工预算见下表。

直接人工预算

季度	一	二	三	四	全年
预计产量(件)	105	155	198	182	640
单位产品工时(小时/件)	10	10	10	10	10
人工总工时(小时)	1 050	1 550	1 980	1 820	6 400
每小时人工成本(元/小时)	2	2	2	2	2
人工总成本(元)	2 100	3 100	3 960	3 640	12 800

五、制造费用预算

表 3-15　　　　　　　　　　制造费用预算

编制基础	① 变动制造费用,以生产预算为基础编制。 ② 固定制造费用,需要逐项进行预计,通常与本期产量无关,可按各期实际需要的支付额预计,然后求出全年数。
特点	① 为便于以后编制现金预算 制造费用预算数需扣除折旧、摊销等非付现成本,可得出现金支出的费用。 ② 为便于以后编制产品成本预算 制造费用分配率＝制造费用预算额/预算人工总工时

【例3-8-计算分析题】 制造费用预算见下表。

要求：计算变动制造费用分配率与固定制造费用分配率。

制造费用预算　　　　　　　　　单位：元

季度	一	二	三	四	全年
变动制造费用：					
间接人工(1元/件)	105	155	198	182	640
间接材料(1元/件)	105	155	198	182	640
修理费(2元/件)	210	310	396	364	1 280
水电费(1元/件)	105	155	198	182	640
小计	525	775	990	910	3 200
固定制造费用：					
修理费	1 000	1 140	900	900	3 940
折旧	1 000	1 000	1 000	1 000	4 000
管理人员工资	200	200	200	200	800
保险费	75	85	110	190	460
财产税	100	100	100	100	400
小计	2 375	2 525	2 310	2 390	9 600
合计	2 900	3 300	3 300	3 300	12 800
减：折旧	1 000	1 000	1 000	1 000	4 000
现金支出的费用	1 900	2 300	2 300	2 300	8 800

【答案】

变动制造费用分配率＝3 200/6 400＝0.5(元/小时)

固定制造费用分配率＝9 600/6 400＝1.5(元/小时)

六、产品成本预算

表3-16　　　　　　　　　　产品成本预算

编制基础	是销售预算、生产预算、直接材料预算、直接人工预算和制造费用预算的汇总
内容	产品的单位成本、生产成本、期末存货、销货成本

【例3-9-计算分析题】 根据销售预算、生产预算、直接材料预算、直接人工预算和制造费用预算,产品成本预算汇总入下表。

产品成本预算

	单位成本			生产成本 (640 件)	期末存量 (20 件)	销货成本 (630 件)
	单价(元)	投入量	成本(元)			
直接材料	5	10 千克	50	32 000	1 000	31 500
直接人工	2	10 小时	20	12 800	400	12 600
变动制造费用	0.5	10 小时	5	3 200	100	3 150
固定制造费用	1.5	10 小时	15	9 600	300	9 450
合计			90	57 600	1 800	56 700

七、销售费用及管理费用预算

表 3-17　　　　　销售费用及管理费用预算

编制基础	销售费用,以销售预算为编制基础
特点	若销售费用和管理费用中有折旧费用,计算现金支出应不含未付现的折旧费用

【例 3-10-计算分析题】销售及管理费用预算见下表。

销售及管理费用预算　　　　　　　　　　　单位:元

项目	金额
销售费用:	
销售人员工资	2 000
广告费	5 500
包装、运输费	3 000
保管费用	2 700
管理费用:	
管理人员薪酬	4 000
福利费	800
保险费	600
办公费	1 400
合计	20 000
每季度支付现金(20 000÷4)	5 000

八、专门决策预算

【例3-11-计算分析题】 专门决策预算见下表。

专门预算　　　　　　　　　　　　　　单位：元

项目	1季度	2季度	3季度	4季度	全年
投资支出预算	50 000	—	—	80 000	130 000
借入长期借款	30 000	—	—	60 000	90 000

九、现金预算

表3-18　　　　　　　　　　　　现金预算

计算	按照收付实现制 可供使用现金＝现金期初余额＋现金收入 现金期初余额＋现金收入－现金支出＝现金余缺额 现金余缺额＋现金筹措－现金运用（还款或短期投资）＝现金期末余额 利息确定：通常借款在期初，还款在期末。 ① 若规定还款时支付利息 利息＝还款额×利息率×借款期限 ② 若规定每期定期支付利息 利息＝（期初借款余额＋本期新借款额）×期利息率
特点	只有生产预算和产品成本预算不涉及现金支出。

【例3-12-计算分析题】 已知条件如下：(1) 最低现金余额6 000元，不足此数需要向银行借入短期借款，银行借款的金额要求是1 000元的整数倍；

(2) 一般按"每期期初借入，每期期末归还"来预计利息，归还短期借款本金时一并归还对应利息，短期借款利率为10%；

(3) 长期借款期初余额9 000元，本年无变化，年利率为12%，年末支付利息；

(4) 还款后，仍须保持最低现金余额，否则，只能归还部分借款；

(5) 每季度预交企业所得税4 000元。

现金预算　　　　　　　　　　　　　　　　　　　　单位：元

季度	一	二	三	四	全年
期初现金余额	8 000	8 200	6 060	6 290	8 000
加：销货现金收入	18 200	26 000	36 000	37 600	117 800
可供使用现金	26 200	34 200	42 060	43 890	125 800

(续表)

季度	一	二	三	四	全年
减：各项支出					
直接材料	5 000	6 740	8 960	9 510	30 210
直接人工	2 100	3 100	3 960	3 640	12 800
制造费用	1 900	2 300	2 300	2 300	8 800
销售及管理费用	5 000	5 000	5 000	5 000	20 000
所得税费用	4 000	4 000	4 000	4 000	16 000
购买设备		10 000			10 000
股利		8 000		8 000	16 000
支出合计	18 000	39 140	24 220	32 450	113 810
现金多余或不足	8 200	(4 940)	17 840	11 440	11 990
向银行借款		11 000			11 000
还银行借款			11 000		11 000
短期借款利息(年利率10%)			550		550
长期借款利息(年利率12%)				1 080	1 080
期末现金余额	8 200	6 060	6 290	10 360	10 360

【注意】（1）该企业需要保留的现金余额为6 000元，不足此数时需向银行借款，设第二季度借款额为 x，则：

$$-4\,940 + x \geqslant 6\,000,\ x \geqslant 10\,940(元)$$

假设银行借款的金额要求是1 000元的倍数，$x = 11\,000(元)$。

（2）归还短期借款本金及利息

第三季度现金多余，可用于归还借款，设归还借款 y，由于归还短期借款本金时一并归还对应利息，且按"每期期初借入，每期期末归还"来预计利息，归还利息金额为 $10\%y \times 6/12$，即 $0.05y$，

$$17\,840 - y - 0.05y \geqslant 6\,000,\ y \leqslant 11\,276.19(元)$$

由于第二季度初借入11 000元，因此归还11 000元，同时归还利息 $11\,000 \times 0.05 = 550(元)$。

（3）归还长期利息

长期借款每年末支付一次利息，利息 $= 9\,000 \times 12\% = 1\,080(元)$。

十、利润表预算

表 3-19　　　　　　　　　利润表预算-1

计算	按照权责发生制 "所得税费用"项目是在利润规划时估计的,并已列入现金预算。它通常不是根据"利润"和所得税税率计算出来的。

表 3-20　　　　　　　利润表预算　　　　　　　　　单位:元

项目	金额
销售收入	126 000
销货成本	56 700
毛利	69 300
销售及管理费用	20 000
利息	1 630
利润总额	47 670
所得税费用(估计)	16 000
税后净收益	31 670

十一、资产负债表预算

表 3-21　　　　　　　资产负债表预算　　　　　　　　单位:元

资产			负债和权益		
项目	年初	年末	项目	年初	年末
现金	8 000	10 360	应收账款	2 350	4 640
应收账款	6 200	14 400	长期借款	9 000	9 000
直接材料	1 500	2 000	普通股	20 000	20 000
产成品	900	1 800	未分配利润	16 250	31 920
固定资产	35 000	45 000			
累计折旧	4 000	8 000			
资产总额	47 600	65 560	负债和股东权益总额	47 600	65 560

第四节 预算的执行与考核

一、预算的执行

表 3-22	预算的执行
概念	企业预算一经批复下达,各预算执行单位就必须认真组织实施,将预算指标层层分解,从横向到纵向落实到内部各部门、各单位、各环节和各岗位,形成全方位的预算执行责任体系

二、预算的调整

表 3-23	预算的调整
概念	企业正式下达执行的预算,一般不予调整。预算执行单位在执行中由于市场环境、经营条件、政策法规等发生重大变化,致使预算的编制基础不成立,或者将导致预算执行结果产生重大偏差的,可以调整预算
要求	① 预算调整事项不能偏离企业发展战略。 ② 预算调整方案应当在经济上能够实现最优化。 ③ 预算调整重点应当放在财务预算执行中出现的重要的、非正常的、不符合常规的关键性差异方面

三、预算的分析与考核

表 3-24	预算的分析与考核
概念	企业应当建立预算分析制度,由预算委员会定期召开财务预算执行分析会议,全面掌握预算的执行情况,研究、落实解决预算执行中存在问题的政策措施,纠正预算的执行偏差

第四章 筹资管理(上)

考试分析

本章主要阐述了企业各种筹资方式的比较,本章题型以往考试主要是客观题,近三年的平均分数9.3分。

思维导图

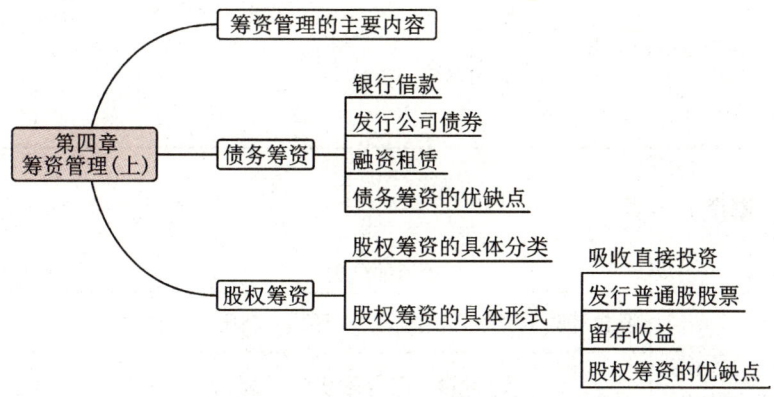

第一节 筹资管理概述

一、企业筹资的动机

表4-1	企业筹资的动机
创立性筹资动机	是指企业设立时,为取得资本金并形成开展经营活动的基本条件而产生的筹资动机
支付性筹资动机	为了满足经营业务活动的正常波动所形成的支付需要而产生的筹资动机
扩张性筹资动机	指企业因扩大经营规模或对外投资需要而产生的筹资动机
调整性筹资动机	是指企业因调整资本结构而产生的筹资动机

二、筹资管理的内容

表 4-2　　　　　　　　　　筹资管理的内容

① 科学预计资金需要量
② 合理安排筹资渠道、选择筹资方式
③ 降低资本成本、控制财务风险

三、筹资方式

表 4-3　　　　　　　　　　筹资方式

① 吸收直接投资
② 发行股票
③ 利用留存收益
④ 发行债券
⑤ 向金融机构借款
⑥ 融资租赁
⑦ 利用商业信息

四、筹资的分类

表 4-4　　　　　　　　　　筹资的分类

按企业所取得资金的权益特征不同	股权筹资	吸收直接投资、发行股票、利用留存收益
	债务筹资	发行债券、向金融机构借款、融资租赁、利用商业信用、永续债
	衍生工具筹资	混合融资：可转换债券融资 其他衍生工具融资：认股权证融资
按是否借助于金融机构为媒介	直接筹资	发行股票、发行债券、吸收直接投资
	间接筹资	银行借款、融资租赁
按资金的来源范围不同	内部筹资	利用留存收益
	外部筹资	吸收直接投资、发行股票、发行债券、向银行借款、融资租赁、利用商业信用
按所筹集资金的使用期限不同	长期筹资	吸收直接投资、发行股票、发行债券、取得长期借款、融资租赁
	短期筹资	商业信用、短期借款、保理业务

五、筹资管理的原则

表 4-5	筹资管理的原则
筹措合法原则	企业筹资要遵循国家法律法规,合理筹措资金。
规模适当原则	要根据生产经营及其发展的需要,合理安排资金需求。
取得及时原则	要合理安排筹资时间,适时取得资金。
来源经济原则	要充分利用各种筹资渠道,选择经济、可行的资金来源。
结构合理原则	筹资管理要综合考虑各种筹资方式,优化资本结构。

第二节 债务筹资

一、银行借款

表 4-6		银行借款
分类	按提供贷款的机构	政策性银行贷款、商业银行贷款、其他金融机构贷款
	按机构对贷款有无担保要求	① 信用贷款 ② 担保贷款:保证贷款、抵押贷款、质押贷款
	按企业取得贷款的用途	基本建设贷款、专项贷款、流动资金贷款
保护性条款	例行性保护条款	① 定期向提供贷款的金融机构提交公司财务报表 ② 保持存货储备量 ③ 及时清偿债务 ④ 不准以资产作其他承诺的担保或抵押 ⑤ 不准贴现应收票据或出售应收账款
保护性条款	一般性保护条款	① 保持企业的资产流动性 ② 限制企业非经营性支出 ③ 限制企业资本支出的规模 ④ 限制公司再举债规模 ⑤ 限制公司的长期投资
	特殊性保护条款	① 要求公司的主要领导人购买人身保险 ② 借款的用途不得改变 ③ 违约惩罚条款
优点	① 筹资速度快 ② 资本成本较低 ③ 筹资弹性较大	
缺点	① 限制条款多 ② 筹资数额有限	

二、发行公司债券

表 4-7　　　　　　　　　　　发行公司债券

分类	是否记名	① 记名债券 ② 无记名债券
	能否转换成公司股权	① 可转换债券 ② 不可转换债券
	有无特定财产担保	① 担保债券（抵押债券）：不动产抵押债券、动产抵押债券、证券信托抵押债券 ② 信用债券
偿还	提前偿还	提前偿还的时机选择：当企业资金有结余时；当预测年利息率下降时。
	到期分批偿还	因为各批债券的到期日不同，它们各自的发行价格和票面利率也可能不相同，从而导致发行费较高；但由于这种债券便于投资人挑选最合适的到期日，因而便于发行。
	到期一次偿还	到期一次偿还的债券是最为常见的。
优点		① 一次筹资数额大 ② 筹集资金的使用限制条件少 ③ 提高公司的社会声誉
缺点		① 资本成本负担较高

三、融资租赁

1. 融资租赁 VS 经营租赁

表 4-8　　　　　　　　　融资租赁 VS 经营租赁

	融资租赁	经营租赁
业务原理	融资融物于一体	无融资特征，只是一种融物方式
租赁目的	融通资金，添置设备	暂时性使用，预防无形损耗风险
租期	较长，相当于设备经济寿命的大部分	较短
租金	包括设备价款	只是设备使用费
契约法律效力	不可撤销合同	经双方同意可中途撤销合同
租赁标的	一般为专用设备，也可为通用设备	通用设备居多
维修与保养	专用设备多为承租人负责，通用设备多为出租人负责	全部为出租人负责
承租人	一般为一人	设备经济寿命期内轮流租给多个承租人
灵活方便	不明显	明显

2. 融资租赁

表 4-9　　　　　　　　　融资租赁的分类

分类		
分类	直接租赁	只涉及出租人和承租人两方
	售后租回	承租人先将资产卖给出租人,再将该资产租回的一种租赁形式
	杠杆租赁	涉及出租人、承租人和贷款人三方;出租人既是债权人,又是债务人
租金计算	构成	① 设备原价及预计残值,包括设备买价、运输费、安装调试费、保险费等,以及指设备租赁期满后出售可得的收入 ② 利息,指租赁公司为承租企业购置设备垫付资金所应支付的利息 ③ 租赁手续费,指租赁公司承办租赁设备所发生的业务费用和必要的利润
	支付方式	① 按支付间隔期长短分为:年付、半年付、季付、月付 ② 按在期初和期末支付分为:先付、后付 ③ 按每次支付额分为:等额支付、不等额支付
	计算	租金的计算大多采用等额年金法。在等额年金法下,通常要根据利率和租赁手续费率确定一个租费率,作为折现率
优点		① 无须大量资金就能迅速获得资产 ② 财务风险小,财务优势明显 ③ 筹资的限制条件较少 ④ 能延长资金融通的期限(相对于贷款)
缺点		① 资本成本负担高

【例 4-1-计算分析题】 某企业于 20×1 年 1 月 1 日从租赁公司租入一套设备,价值 60 万元,租期 6 年,租赁期满时预计残值 5 万元,归租赁公司。年利率 8%,租赁手续费率每年 2%。租金每年年末支付一次。

要求:
(1) 计算每年年末应支付的租金;
(2) 编制租金摊销。

租金摊销计划表　　　　　　　　　单位:元

年份	期初本金 (1)	支付租金 (2)	应计租费 (3)	本金额偿还额 (4)	本金余额 (5)
20×1					
20×2					
20×3					
20×4					
20×5					
20×6					
合计					

【答案】

(1) 每年租金 = [600 000 − 50 000 × (P/F, 10%, 6)]/(P/A, 10%, 6)
           = 131 283(元)

租金摊销计划表   单位：元

年份	期初本金(1)	支付租金(2)	应计租费(3)	本金额偿还额(4)	本金余额(5)
20×1	600 000	131 283	60 000	71 283	528 717
20×2	528 717	131 283	52 872	78 411	450 306
20×3	450 306	131 283	45 031	86 252	364 054
20×4	364 054	131 283	36 405	94 878	269 176
20×5	269 176	131 283	26 918	104 365	164 811
20×6	164 811	131 283	16 481	114 802	50 009
合计		787 698	237 707	549 991	50 009*

注：50 009*即为到期残值，尾数9系中间计算过程四舍五入的误差导致的。

四、债务筹资的优缺点

表 4-10　　　　　　　　　　　债务筹资的优缺点

优点	① 筹资速度较快 ② 筹资弹性大 ③ 资本成本负担较轻 ④ 可以利用财务杠杆 ⑤ 稳定公司的控制权
缺点	① 不能形成企业稳定的资本基础 ② 财务风险较大 ③ 筹资数额有限

第三节　股权筹资

一、吸收直接投资

表 4-11　　　　　　　　　　　吸收直接投资

分类	① 吸收国家投资 ② 吸收法人投资 ③ 合资经营 ④ 吸收社会公众投资

(续表)

出资方式	① 以货币资产出资 ② 以实物资产出资 ③ 以土地使用权出资 ④ 以工业产权出资 ⑤ 以特定债权出资
优点	① 能够尽快形成生产能力 ② 容易进行信息沟通
缺点	① 资本成本较高 ② 公司控制权集中,不利于公司治理 ③ 不易进行产权交易

二、发行普通股股票

1. 股票的概念

表 4-12　　　　　　　　　　股票的概念

特点	① 永久性 ② 流通性 ③ 风险性 ④ 参与性	
股东权利	① 公司管理权 ② 收益分享权 ③ 股份转让权 ④ 优先认股权 ⑤ 剩余财产要求权	
分类	按股东权利和义务	① 普通股股票 ② 优先股股票
	按票面是否记名	① 记名股票 ② 无记名股票
	按发行对象和上市地点	A股、B股、H股、N股、S股

2. 股票上市

表 4-13　　　　　　　　　　股票上市

目的	① 便于筹措新资金 ② 进股权流通和转让 ③ 便于确定公司价值

(续表)

不利影响		① 上市成本较高,手续复杂严格 ② 公司将负担较高的信息披露成本 ③ 信息公开的要求可能会暴露公司商业机密 ④ 价有时会歪曲公司的实际情况,影响公司声誉 ⑤ 可能会分散公司的控制权,造成管理上的困难
特别处理	概念	上市公司出现财务状况或其他状况异常的,其股票交易将被交易所"特别处理"(ST)
	财务状况异常	① 最近两个会计年度的审计结果显示的净利润为负值 ② 最近一个会计年度的审计结果显示其股东权益低于注册资本 ③ 最近一个会计年度经审计的股东权益扣除注册会计师、有关部门不予确认的部分,低于注册资本 ④ 注册会计师对最近一个会计年度的财产报告出具无法表示意见或否定意见的审计报告 ⑤ 最近一份经审计的财务报告对上年度利润进行调整,导致连续两个会计年度亏损 ⑥ 经交易所或中国证监会认定为财务状况异常的
	其他状况异常	指自然灾害、重大事故等导致生产经营活动基本中止,公司涉及可能赔偿金额超过公司净资产的诉讼等情况

3. 股票发行

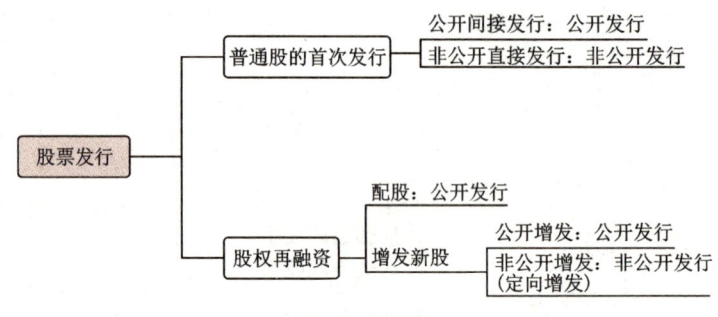

图 4-1　股票发行

表 4-14　　　　　　　　　　股票发行

公开间接发行	特征	通过中介机构,公开向社会公众发行股票
	优点	① 发行范围广,发行对象多,易于足额筹集资本 ② 股票的变现性强,流通性好 ③ 有助于提高发行公司的知名度和扩大影响力
	缺点	① 手续繁杂,发行成本高

(续表)

非公开直接发行	特征	不公开对外发行股票,只向少数特定的对象直接发行,因而不需经中介机构承销
	优点	① 弹性较大,发行成本低
	缺点	① 发行范围小,股票变现性差

4. 引入战略投资者

表 4-15　　　　　　　　　　引入战略投资者

概念	按证监会规则解释,战略投资者是指与发行人具有合作关系或有合作意向和潜力,与发行公司业务联系紧密且欲长期持有发行公司股票的法人
要求	① 要与公司的经营业务联系紧密 ② 要出于长期投资目的而较长时期地持有股票 ③ 要具有相当的资金实力,且持股数量较多
作用	① 提升公司形象,提高资本市场认同度 ② 优化股权结构,健全公司法人治理 ③ 提高公司资源整合能力,增强公司的核心竞争力 ④ 到阶段性的融资目标,加快实现公司上市融资的进程

5. 普通股股票筹资的优缺点

表 4-16　　　　　　　　　普通股股票筹资的优缺点

优点	① 两权分离,有利于公司自主经营管理 ② 能增强公司的社会声誉,促进股权流通和转让
缺点	① 资本成本较高 ② 不易及时形成生产能力

三、留存收益

表 4-17　　　　　　　　　　　留存收益

途径	① 提取盈余公积金 ② 未分配利润
特点	① 不会发生筹资费用 ② 维持公司的控制权分布 ③ 筹资数额有限

四、股权筹资的优缺点

表 4-18　　　　　　　　　　　　股权筹资的优缺点

优点	① 是企业稳定的资本基础 ② 是企业良好的信誉基础 ③ 企业的财务风险较小
缺点	① 资本成本负担较重 ② 控制权变更可能影响企业长期稳定发展 ③ 信息沟通与披露成本较大

第四节　衍生工具筹资

一、可转换债券

表 4-19　　　　　　　　　　　　可转换债券

概念	可转换债券是一种混合型证券,是公司普通债券与证券期权的组合体。可转换债券的持有人在一定期限内,可以按照事先规定的价格或者转换比例,自由地选择是否转换为公司普通股	
分类	① 不可分离的可转换债券 ② 可分离交易的可转换债券	
性质	① 证券期权性 　实质:未来的买入期权 ② 资本转换性 　持有期:属于债权性质 　转换成股票:属于股权性质 ③ 赎回和回售	
要素	标的股票	标的股票一般是发行公司自己的普通股票,不过也可以是其他公司的股票,如该公司的上市子公司的股票
	票面利率	可转换债券的票面利率一般会低于普通债券的票面利率,有时甚至还低于同期银行存款利率
	转换价格	转换价格是指可转换债券在转换期间内据以转换为普通股的折算价格,即将可转换债券转换为普通股的每股普通股的价格。一般比发售日的股票价格高出 10%~30%
	转换比率	指每一张可转换债券在既定的转换价格下能转换为普通股股票的数量。转换比率=债券面值/转换价格
	转换期	可转换债券的转换期可以与债券的期限相同,也可以短于债券的期限

(续表)

要素			
	赎回条款	概念	指发债公司按事先约定的价格买回未转股债券的条件规定
		发生时机	一般发生在公司股票价格在一段时期内连续高于转股价格达到某一幅度时
		作用	① 强制债券持有者积极行使转股权,因此又被称为加速条款 ② 使发债公司避免在市场利率下降后,继续向债券持有人支付较高的债券利率所蒙受的损失
	回售条款	概念	指债券持有人有权按照事先约定的价格将债券卖回给发债公司的条件规定
		发生时机	回售一般发生在公司股票价格在一段时间内连续低于转股价格达到某一幅度时
		作用	回售对于投资者而言实际上是一种卖权,有利于降低投资者的持券风险
	强制性转换条款	概念	是指在某些条件具备之后,债券持有人必须将可转换债券转换为股票,无权要求偿还债券本金的规定
		作用	保证可转换债券顺利地转换成股票,预防投资者到期集中挤兑引发公司破产的悲剧
优点	① 筹资灵活性 ② 资本成本较低 ③ 筹资效率高		
缺点	① 存在不转换的财务压力 ② 存在回售的财务压力		

二、认股权证

表 4-20　　　　　　　　　　认股权证

概念	认股权证是一种由上市公司发行的证明文件,持有人有权在一定时间内以约定价格认购该公司发行的一定数量的股票
性质	① 期权性 　实质:认购普通股的期权 ② 是一种投资工具
特点	① 是一种融资促进工具 ② 有助于改善上市公司的治理结构 ③ 有利于推进上市公司的股权激励机制

【例 4-2 -计算分析题】 某特种钢股份有限公司为 A 股上市公司,20×7 年为调整产品结构,公司拟分两阶段投资建设某特种钢生产线,以填补国内空白。该项目第一期计划投资额为 20 亿元,第二期计划投资额为 18 亿元,公司制定了发行分离交易可转换公司债券的融资计划。

经有关部门批准,公司于 20×7 年 2 月 1 日按面值发行了 2 000 万张、每张面值 100 元的分离交易可转换公司债券,合计 20 亿元,债券期限为 5 年,票面利率为 1%(如果单独按面值发行一般公司债券,票面利率需要设定为 6%),按年计息。同时,每张债券的认购人获得公司派发的 15 份认股权证,权证总量为 30 000 万份,该认股权证为欧式认股权证;行权比例为 2∶1(即 2 份认股权证可认购 1 股 A 股股票),行权价格为 12 元/股。认股权证存续期为 24 个月(即 20×7 年 2 月 1 日至 20×9 年 2 月 1 日),行权期为认股权证存续期最后五个交易日(行权期间权证停止交易)。假定债券和认股权证发行当日即上市。

公司 20×7 年年末 A 股总股数为 20 亿股(当年未增资扩股),当年实现净利润 9 亿元。假定公司 20×8 年上半年实现基本每股收益为 0.3 元,上半年公司股价一直维持在每股 10 元左右。预计认股权证行权期截止前夕,每份认股权证价格将为 1.5 元(公司市盈率维持在 20 倍的水平)。

(1) 计算公司发行分离交易可转换公司债券相对于一般公司债券于 20×7 年节约的利息支出。

(2) 计算公司 20×7 年公司的基本每股收益。

(3) 计算公司为实现第二次融资,其股价至少应当达到的水平;假定公司市盈率维持在 20 倍,计算其 20×8 年基本每股收益至少应当达到的水平。

(4) 简述公司发行分离交易可转换公司债券的主要目标及其风险。

(5) 简述公司为了实现第二次融资目标,应当采取何种财务策略。

【答案】

(1) 可节约的利息支出=20×(6%−1%)×11/12=0.92(亿元)

(2) 20×7 年公司基本每股收益=9/20=0.45(元/股)

(3) 为实现第二次融资,必须促使权证持有人行权,为此股价应当达到的水平为 12 元。

20×8 年基本每股收益应达到的水平=12/20=0.6(元)

(4) 目标:公司发行分离交易可转换公司债券的主要目标是分两阶段融通项目第一期、第二期所需资金,特别是努力促使认股权证持有人行权,以实现发行分离交易可转换公司债券的第二次融资。

主要风险是第二次融资时,股价低于行权价格,投资者放弃行权,导致第二次融资失败。

(5) 公司为了实现第二次融资目标,应当采取的具体财务策略主要有:
① 最大限度发挥生产项目的效益,改善经营业绩。
② 改善与投资者的关系及社会公众形象,提升公司股价的市场表现。

三、优先股

表 4-21　　　　　　　　　　　优先股

概念	优先股是指股份有限公司发行的具有优先权利、相对优先于一般普通种类股份的股份种类	
性质	① 约定股息 ② 权利优先 ③ 权利范围小	
分类	股息率在股权存续期内是否调整	① 固定股息率优先股 ② 浮动股息率优先股
	分红是否具有强制性	① 强制分红优先股 ② 非强制分红优先股
	所欠股息是否累积	① 累积优先股 ② 非累积优先股
	是否有权同普通股股东一起参加剩余税后利润分配	① 参与优先股 ② 非参与优先股
	是否可以转换成普通股	① 可转换优先股 ② 不可转换优先股
	是否享有要求公司回购优先股的权利	① 可回购优先股 ② 不可回购优先股
优点	① 有利于丰富资本市场的投资结构 ② 有利于股份公司股权资本结构的调整 ③ 与普通股筹资相比:有利于保障普通股收益和控制权 ④ 与负债筹资相比:有利于降低公司财务风险	
缺点	可能给股份公司带来一定的财务压力: ① 与负债筹资相比:优先股资本成本相对于债务较高 ② 与普通股筹资相比:股利支付相对于普通股的固定性,会增加公司的财务风险	

第五章 筹资管理(下)

考试分析

从近3年的考试来看平均分为12分,题型可以出客观题,也可以出计算分析题,甚至综合题。

思维导图

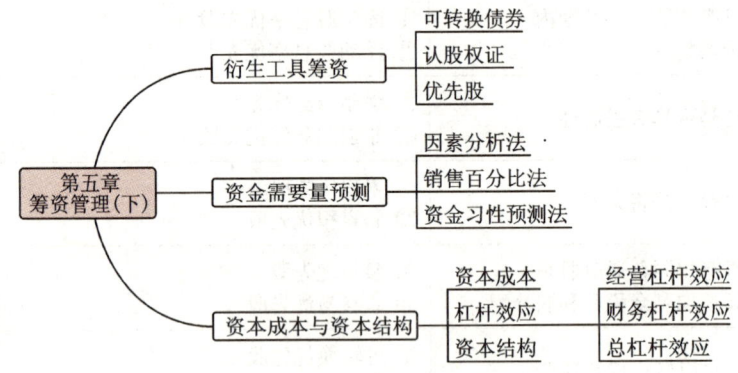

第一节 资金需要量预测

一、因素分析法

表 5-1　　　　　　　　　　因素分析法

概念	又称分析调整法,是以有关项目基期年度的平均资金需要量为基础,根据预测年度的生产经营任务和资金周转加速的要求,进行分析调整,来预测资金需要量的一种方法
计算	资金需要量=(基期资金平均占用额－不合理资金占用额)×(1+预测期销售增长率)×(1－预测期资金周转速度增长率)
特点	计算简便,容易掌握,但预测结果不太精确。
适用范围	用于品种繁多、规格复杂、资金用量较小的项目

【例 5-1-计算分析题】 甲企业上年度资金平均占用额为 2 200 万元,经分析,其中不合理部分 200 万元,预计本年度销售增长 5%,资金周转加速 2%。

要求:预测本年度资金需要量。

【答案】 预测本年度资金需要量=(2 200－200)×(1+5%)×(1－2%)=2 058(万元)

二、销售百分比法

1. 销售百分比法

表 5-2　　　　　　　　　　销售百分比法

概念	销售百分比法,是根据销售增长与资产增长之间的关系,预测未来外部资金需要量的方法
假设	某些资产、某些负债与营业收入之间存在稳定百分比关系
项目	① 经营资产(亦称为敏感资产)项目包括<u>现金</u>、<u>应收账款</u>、<u>存货</u>等项目 ② 经营负债(亦称为敏感负债)项目包括<u>应付票据</u>、<u>应付账款</u>等项目,不包括短期借款、短期融资券、长期负债等筹资性负债
计算	① 根据销售百分比预测 经营资产增加=销售额增加×经营资产销售百分比 经营负债增加=销售额增加×经营负债销售百分比 ② 根据销售增长率预测 经营资产增加=基期经营资产×销售增长率 经营负债增加=基期经营负债×销售增长率

2. 融资总需求

表 5-3　　　　　　　　　　融资总需求

计算	融资总需求=净经营资产增加 ① 总量法 融资总需求=预计净经营资产－基期净经营资产 　　　　　=(预计经营资产－预计经营负债)－(基期经营资产－基期经营负债) ② 增量法 融资总需求=销售增长额×净经营资产销售百分比 　　　　　=销售增长额×(经营资产销售百分比－经营负债销售百分比) ③ 同比增长法 融资总需求=销售增长率×基期净经营资产

3. 外部融资需求

表 5-4　　　　　　　　　　外部融资需求

计算	外部融资需求=融资总需求－留存收益增加 　　　　　　=融资总需求－预计销售收入×销售净利率×利润留存率

【例 5-2-计算分析题】 光华公司 20×2 年 12 月 31 日的简要资产负债表及相关信息如下表所示。假定光华公司 20×2 年销售额 10 000 万元,营业净利率为 10％,利润留存率 40％。20×3 年销售额预计增长 20％,公司有足够的生产能力,无需追加固定资产投资。

光华公司资产负债表及相关信息(20×2 年 12 月 31 日)

资产	金额	与销售关系%	负债与权益	金额	与销售关系%
			短期借款	2 500	N
现金	500	5	应付账款	1 000	10
应收账款	1 500	15	预提费用	500	5
存货	3 000	30	公司债券	1 000	N
固定资产	3 000	N	实收资本	2 000	N
			留存收益	1 000	N
合计	8 000	50	合计	8 000	15

要求:
(1) 确定企业增加的资金需要量
(2) 确定企业外部融资需求量

【答案】
(1) 增加的资金需要量=增加的资产−增加的经营负债=50％×2 000−15％×2 000=700(万元)
(2) 外部融资需求量=增加的资金需要量−增加的留存收益=700−12 000×10％×40％=220(万元)

三、资金习性预测法

表 5-5　　　　　　　　　　　资金习性预测法

概念	资金习性预测法,是指根据资金习性预测未来资金需要量的一种方法。
项目	① 不变资金 为维持营业而占用的最低数额的现金,原材料的保险储备,必要的成品储备,厂房、机器设备等固定资产占用的资金 ② 变动资金 直接构成产品实体的原材料、外购件占用的资金;在最低储备以外的现金、存货、应收账款等 ③ 半变动资金 辅助材料上占用的资金

(续表)

计算	回归直线分析法	$Y = a + bX$ $a = \dfrac{\sum x^2 \sum y - \sum x \sum xy}{n \sum x^2 - (\sum x)^2}$ $b = \dfrac{n \sum xy - \sum x \sum y}{n \sum x^2 - (\sum x)^2}$
	高低点法	选取业务量最高点和业务量最低点 $Y = a + bX$ $Y_{高} = a + bX_{高}$ $Y_{低} = a + bX_{低}$ $b = (Y_{高} - Y_{低})/(X_{高} - X_{低})$ $a = Y_{高} - (Y_{高} - Y_{低})/(X_{高} - X_{低}) \times X_{高}$

【例5-3-计算分析题】 某企业20×1年至20×6年某企业历年产销量和资金变化情况如下表所示。20×7年预计销售量为1 500万件,需要预计20×7年的资金需要量。

产销量与资金变化情况表

年度	产销量(X：万件)	资金占用(Y：万元)
20×1	1 200	1 000
20×2	1 100	950
20×3	1 000	900
20×4	1 200	1 000
20×5	1 300	1 050
20×6	1 400	1 100

资金需要量预测表(按总额预测)

年度	产销量(X：万件)	资金占用(Y：万元)	XY	X^2
20×1	1 200	1 000	1 200 000	1 440 000
20×2	1 100	950	1 045 000	1 210 000
20×3	1 000	900	900 000	1 000 000
20×4	1 200	1 000	1 200 000	1 440 000
20×5	1 300	1 050	1 365 000	1 690 000
20×6	1 400	1 100	1 540 000	1 960 000
合计 $n=6$	$\sum X = 7 200$	$\sum Y = 6 000$	$\sum XY = 7 250 000$	$\sum X^2 = 8 740 000$

$$a = \frac{\sum x^2 \sum y - \sum x \sum xy}{n \sum x^2 - (\sum x)^2} = 400$$

$$b = \frac{n \sum xy - \sum x \sum y}{n \sum x^2 - (\sum x)^2} = 0.5$$

$$\begin{cases} 6\,000 = 6a + 7\,200b & ① \\ 7\,250\,000 = 7\,200a + 8\,740\,000b & ② \end{cases}$$

解联系方程：$b = 0.5$

将 $b = 0.5$ 带入方程①，则有：

$6\,000 = 6a + 7\,200 \times 0.5$

$a = 400$

可得方程：$Y = a + bX = 400 + 0.5 \times 1\,500 = 1\,150$（万元）。

【例 5-4-计算分析题】 某企业历年现金占用与销售额之间的关系如下表所示，需要根据两者的关系，来计算现金占用项目中不变资金和变动资金的数额。

现金与销售额变化情况表　　　　　　　　　　单位：元

年度	营业收入(X_i)	现金占用(Y_i)
20×1	2 000 000	110 000
20×2	2 400 000	130 000
20×3	2 600 000	140 000
20×4	2 800 000	150 000
20×5	3 000 000	160 000

要求：

根据上述资料，采用高低点法来计算现金占用项目中不变资金和变动资金的数额。

【答案】

$$b = \frac{\text{最高业务量期的资金占用} - \text{最低业务量期的资金占用}}{\text{最高业务量} - \text{最低业务量}} = \frac{160\,000 - 110\,000}{3\,000\,000 - 2\,000\,000}$$

$= 0.05$

$a = 160\,000 - 0.05 \times 3\,000\,000 = 10\,000$（元）

存货、应收账款、流动负债、固定资产等也可根据历史资料作这样的划分，然后汇总列于下表中。

资金需要量预测表（分项预测）		单位：元
	年度不变资金(a)	每一元营业收入所需变动资金(b)
流动资产		
现金	10 000	0.05
应收账款	60 000	0.14
存货	100 000	0.22
小计	170 000	0.41
减：流动负债		
应付账款及应付费用	80 000	0.11
净资金占用	90 000	0.30
固定资产		
厂房、设备	510 000	0
所需资金合计	600 000	0.30

根据上表的资料得出预测模型为：

$$Y = 600\,000 + 0.30X$$

如果 20×6 年的预计销售额为 3 500 000 元，则：

20×6 年的资金需要 = 600 000 + 0.30 × 3 500 000 = 1 650 000（元）

第二节　资本成本

一、资本成本

表 5-6　　　　　　　　　　　　　　资本成本

概念	资本成本是指企业为筹集和使用资本而付出的代价，包括筹资费用和占用费用
作用	① 资本成本是比较筹资方式、选择筹资方案的依据 ② 平均资本成本是衡量资本结构是否合理的依据 ③ 资本成本是评价投资项目可行性的主要标准 ④ 资本成本是评价企业整体业绩的重要依据

(续表)

影响因素	① 总体经济环境 如果国民经济保持健康、稳定、持续增长,整个社会经济的资金供给和需求相对均衡且通货膨胀水平低,资本成本相应就比较低;反之,则资本成本高。 ② 资本市场条件 如果资本市场缺乏效率,证券的市场流动性低,投资者投资风险大,资本成本就比较高。 ③ 企业经营状况和融资状况 如果企业经营风险高,财务风险大,则企业总体风险水平高,投资者要求的预期报酬率大,企业筹资的资本成本相应就大。 ④ 企业对筹资规模和时限的需求 企业一次性需要筹集的资金规模大、占用资金时限长,资本成本就高。

二、个别资本成本

表 5-7　　　　　　　　　　个别资本成本

一般模式	资本成本率 $= \dfrac{\text{年资金占用费}}{\text{筹资总额}-\text{筹资费用}}$ $= \dfrac{\text{年资金占用费}}{\text{筹资总额}\times(1-\text{筹资费用率})}$
贴现模式	筹资净额现值 − 未来资本清偿额现金流量现值 = 0 资本成本率 = 所采用的贴现率

(一) 银行借款的资本成本

表 5-8　　　　　　　　　　银行借款的资本成本

一般模式	银行借款资本成本率 $= \dfrac{\text{年利率}\times(1-\text{所得税税率})}{1-\text{筹资费用率}}$
贴现模式	根据"筹资净额现值 − 未来资本清偿额现金流量现值 = 0"求解折现率。

【例 5-5 -计算分析题】 某企业取得 5 年期长期借款 200 万元,年利率 10%,每年付息一次,到期一次还本,借款费用率 0.2%,企业所得税税率 20%。

要求:利用一般模式和贴现模式,计算借款的资本成本率。

【答案】

一般模式:

$$借款的资本成本 K_b = \dfrac{10\%(1-20\%)}{1-0.2\%} = 8.02\%$$

贴现模式:

$$200\times(1-0.2\%) = 200\times 10\%\times(1-20\%)(P/A, K_b, 5) + 200\times(P/F, K_b, 5)$$

用8%进行第一次测试:

$$16\times(P/A,8\%,5)+200\times(P/F,8\%,5)=16\times3.9927+200\times0.6806$$
$$=200>199.6$$

用9%进行第二次测试:

$$16\times(P/A,9\%,5)+200\times(P/F,9\%,5)=16\times3.8897+200\times0.6499$$
$$=192.22<199.6$$

按插值法计算,得:

$$\frac{K_b-8\%}{9\%-8\%}=\frac{199.6-200}{192.22-200}$$
$$K_b=8.05\%$$

(二) 公司债券的资本成本

表5-9　　　　　　　　　公司债券的资本成本

一般模式	公司债券资本成本率 = $\dfrac{\text{年利息}\times(1-\text{所得税税率})}{\text{债券筹资总额}\times(1-\text{筹资费用率})}$
贴现模式	根据"筹资净额现值－未来资本清偿额现金流量现值＝0"求解折现率。

【例5-6-计算分析题】　某企业以1100元的价格,溢价发行面值为1000元、期限5年、票面利率为7%的公司债券一批。每年付息一次,到期一次还本,发行费用率3%,所得税税率20%。

要求:利用一般模式和贴现模式,计算该债券的资本成本率。

【答案】

一般模式:

该批债券的资本成本率 $K_b=1\,000\times7\%\times(1-20\%)/[1\,000\times(1-3\%)]=5.25\%$。

贴现模式:

$$1\,100(1-3\%)=1\,000\times7\%\times(1-20\%)(P/A,K_b,5)+1\,000\times(P/F,K_b,5)$$
$$1\,067=56\times(P/A,K_b,5)+1\,000\times(P/F,K_b,5)$$

设:$K=5\%,56\times(P/A,5\%,5)+1\,000\times(P/F,5\%,5)=1\,025.95$
　　$K=4\%,56\times(P/A,4\%,5)+1\,000\times(P/F,4\%,5)=1\,071.20$

按插值法计算,得:

$$\frac{K_b-4\%}{5\%-4\%}=\frac{1\,067-1\,071.2}{1\,025.95-1\,071.2}$$
$$K_b=4.09\%$$

(三) 优先股的资本成本

表 5-10　　　　　　　　　　优先股的资本成本

一般模式	固定股息率优先股 优先股资本成本率 = $\dfrac{\text{年固定股息}}{\text{优先股发行价格} \times (1-\text{筹资费用率})}$

【例 5-7-计算分析题】 某上市公司发行面值 100 元的优先股,规定的年股息率为 9%。该优先股溢价发行,发行价格为 120 元;发行时筹资费用率为发行价格的 3%。则该优先股的资本成本率为?

【答案】

$$K_s = \frac{100 \times 9\%}{120 \times (1-3\%)} = 7.73\%$$

(四) 普通股的资本成本

表 5-11　　　　　　　　　　普通股的资本成本

股利增长模型	$K_s = \dfrac{D_1}{P_0(1-F)} + g = \dfrac{D_0(1+g)}{P_0(1-F)} + g$ D_0：本年现金股利额 D_1：预期下年现金股利额 P_0：普通股当前市价 g：股利的年增长率 F：普通股的发行费用率
资本资产定价模型 (CAPM)	$K_s = R_f + \beta \times (R_m - R_f)$ R_f：无风险利率 R_m：平均风险股票报酬率 β：股票贝塔系数 $R_m - R_f$：市场风险溢价 $\beta \times (R_m - R_f)$：股票风险溢价

【例 5-8-计算分析题】 某公司普通股市价 30 元,筹资费用率 2%,本年发放现金股利每股 0.6 元,预期股利年增长率为 10%。

$$K_s = \frac{0.6(1+10\%)}{a_0(1-2\%)} + 10\% = 12.24\%$$

【例 5-9-计算分析题】 某公司普通股 β 系数为 1.5,此时一年期国债利率 5%,市场平均报酬率 15%,则该普通股资本成本率为:

$$K_s = 5\% + 1.5 \times (15\% - 5\%) = 20\%$$

(五) 留存收益的资本成本

表 5-12　　　　　留存收益的资本成本

计算与普通股成本相同,也分为股利增长模型法和资本资产定价模型法,不同点在于不考虑筹资费用。

四、平均资本成本

表 5-13　　　　　平均资本成本

概念	是以各项个别资本在企业总资本中的比重为权数,对各项个别资本成本率进行加权平均而得到的总资本成本率。
计算	$K_w = \sum_{j=1}^{n} K_j W_j$
权重选择	① 账面价值权重(过去时): 根据企业资产负债表上显示的会计价值来衡量每种资本的比例 优点:资料容易取得,且计算结果比较稳定 缺点:不能反映目前从资本市场上筹集资本的现时机会成本,不适合评价现时的资本结构 ② 市场价值权重(现在时): 根据当前负债和权益的市场价值比例衡量每种资本的比例 优点:能够反映现时的资本成本水平 缺点:现行市价处于经常变动之中,不容易取得;而且现行市价反映的只是现时的资本结构,不适用未来的筹资决策 ③ 目标价值权重(将来时): 根据按市场价值计量的目标资本结构衡量每种资本要素的比例 优点:能体现期望的资本结构,据此计算的加权平均资本成本更适用于企业筹措新资金 缺点:很难客观合理地确定目标价值

【例 5-10-计算分析题】 万达公司本年年末长期资本账面总额为 1 000 万元,其中:银行长期借款 400 万元,占 40%;长期债券 150 万元,占 15%;股东权益 450 万元(共 200 万股,每股面值 1 元,市价 8 元),占 45%。个别资本成本分别为:5%、6%、9%。则该公司的平均资本成本为:

按账面价值计算:

$$K_w = 5\% \times 40\% + 6\% \times 15\% + 9\% \times 45\% = 6.95\%$$

按市场价值计算:

$$K_s = \frac{5\% \times 400 + 6\% \times 150 + 9\% \times 1\ 600}{400 + 150 + 1\ 600} = 8.05\%$$

五、边际资本成本

表 5-14　　　　　　　　　　边际资本成本

概念	是企业追加筹资的成本,是企业进行追加筹资的决策依据
计算	加权平均法
权重选择	目标价值权重(将来时)

【例 5-11-计算分析题】某公司设定的目标资本结构为：银行借款 20%、公司债券 15%、股东权益 65%。现拟追加筹资 300 万元,按此资本结构来筹资。个别资本成本率预计分别为：银行借款 7%,公司债券 12%,股东权益 15%。追加筹资 300 万元的边际资本成本如下表所示。

边际资本成本计算表

资本种类	目标资本结构	追加筹资额(万元)	个别资本成本	边际资本成本
银行借款	20%	60	7%	1.40%
公司债券	15%	45	12%	1.80%
股东权益	65%	—195	15%	9.75%
合计	100%	300	—	12.95%

第三节　杠杆效应

杠杆效应相关概念见表 5-15 至表 5-17。

表 5-15　　　　　　　　　　相关概念

P：单价
V：单位变动成本
F：固定成本
Q：销售量
$EBIT$：息税前利润
$EBIT = (P-V)Q - F$
边际贡献 $M = (P-V)Q$
单位边际贡献 $= \dfrac{M}{Q} = P - V$

表 5-16		相关概念(续)
经营风险	概念	经营风险是指企业未使用债务时经营的内在风险
	致险因素	产品需求、产品售价、产品成本、调整价格的能力和固定成本的比重
财务风险	概念	财务风险是指由于企业运用了债务筹资方式而产生的丧失偿付能力的风险,而这种风险最终是由普通股股东承担的
	致险因素	负债筹资或发行优先股筹资

表 5-17	相关概念(续)
经营杠杆效应	是由与产品生产或提供劳务有关的固定性经营成本所引起的杠杆效应
财务杠杆效应	是由债务利息等固定性融资成本所引起的杠杆效应
联合杠杆效应	是由固定性经营成本和固定性融资成本所引起的杠杆效应

一、经营杠杆系数(DOL)

表 5-18	经营杠杆系数(DOL)
概念	经营杠杆系数表明销售量变化对息税前利润的影响
计算	$DOL = \dfrac{\Delta EBIT/EBIT}{\Delta Q/Q}$ $DOL = \dfrac{M}{EBIT} = \dfrac{M}{M-F}$
存在原因	存在固定性经营成本
影响因素	根据计算公式来判断
与经营风险的关系	经营杠杆放大了市场和生产等因素变化对息税前利润的影响 经营杠杆系数越高,经营风险越大 经营风险来自经营的不确定性,经营杠杆效应来自固定性经营成本
控制方法	根据计算公式,寻求降低经营杠杆系数的方法,降低经营风险

二、财务杠杆系数(DFL)

表 5-19	财务杠杆系数(DFL)
概念	财务杠杆系数表明息税前利润变化对每股收益的影响
计算	$DFL = \dfrac{\Delta EPS/EPS}{\Delta EBIT/EBIT}$ $DFL = \dfrac{EBIT}{EBIT - I - PD/(1-T)}$
存在原因	存在固定性融资成本
影响因素	根据计算公式来判断

(续表)

与财务风险的关系	财务杠杆放大了息税前利润变化对每股收益的影响 财务杠杆系数越高,财务风险越大 财务风险和财务杠杆效应均来自固定性融资成本
控制方法	根据计算公式,寻求降低财务杠杆系数的方法,降低财务风险

三、联合杠杆系数(DTL)

表 5-20　　　　　　　　联合杠杆系数(DTL)

概念	联合杠杆系数表明销售量变化对每股收益的影响
计算	$DTL = DOL \times DFL = \dfrac{\Delta EPS/EPS}{\Delta Q/Q}$ $DTL = \dfrac{M}{M - F - I - PD/(1-T)}$
存在原因	存在固定性经营成本和固定性融资成本
影响因素	根据计算公式来判断
与总风险的关系	联合杠杆放大了市场和生产等因素变化对每股收益的影响 联合杠杆系数越高,整体风险越大
控制方法	不同的经营杠杆和财务杠杆的组合可以控制联合杠杆系数的大小

【例 5-12-计算分析题】 泰华公司产销某种服装,固定成本 500 万元,变动成本率 70%。年产销额 5 000 万元时,变动成本 3 500 万元,固定成本 500 万元,息前税前利润 1 000 万元;年产销额 7 000 万元时,变动成本为 4 900 万元,固定成本仍为 500 万元,息前税前利润为 1 600 万元。可以看出,该公司产销量增长了 40%,息前税前利润增长了 60%,产生了 1.5 倍的经营杠杆效应。

【答案】

$$DOL = \dfrac{\Delta EBIT}{EBIT_0} \bigg/ \dfrac{\Delta Q}{Q_0} = \dfrac{600}{1\,000} \bigg/ \dfrac{2\,000}{5\,000} = 1.5(倍)$$

$$DOL = \dfrac{M_0}{EBIT_0} = \dfrac{5\,000 \times 30\%}{1\,000} = 1.5(倍)$$

【例 5-13-计算分析题】 某企业生产 A 产品,固定成本 100 万元,变动成本率 60%,当销售额分别为 1 000 万元,500 万元,250 万元时,经营杠杆系数分别为:

【答案】

$$DOL_{1\,000} = \dfrac{1\,000 \times 40\%}{1\,000 \times 40\% - 100} = 1.33$$

$$DOL_{500} = \dfrac{500 \times 40\%}{500 \times 40\% - 100} = 2$$

$$DOL_{250} = \frac{250 \times 40\%}{250 \times 40\% - 100} \to \infty$$

销售额越小,DOL 越大

盈亏临界点时,DOL 趋于无穷大。

【例 5-14-计算分析题】 有 A、B、C 三个公司,资本总额均为 1 000 万元,所得税税率均为 30%,每股面值均为 1 元。A 公司资本全部由普通股组成;B 公司债务资本 300 万元(利率 10%),普通股 700 万元;C 公司债务资本 500 万元(利率 10.8%),普通股 500 万元。三个公司 20×1 年 EBIT 均为 200 万元,20×2 年 EBIT 均为 300 万元,EBIT 增长了 50%。有关财务指标如表所示:

普通股收益及财务杠杆的计算　　　　　　单位:万元

利润项目		A 公司	B 公司	C 公司
普通股股数		1 000 万股	700 万股	500 万股
利润总额	20×1 年	200	170	146
	20×2 年	300	270	246
	增长率	50%	58.82%	68.49%
净利润	20×1 年	140	119	102.2
	20×2 年	210	189	172.2
	增长率	50%	58.82%	68.49%
普通股收益	20×1 年	140	119	102.2
	20×2 年	210	189	172.2
	增长率	50%	58.82%	68.49%
每股收益	20×1 年	0.14 元	0.17 元	0.20 元
	20×2 年	0.21 元	0.27 元	0.34 元
	增长率	50%	58.82%	68.49%
财务杠杆系数		1.000	1.176	1.370

A 公司 20×2 年的财务杠杆系数=200/(200−0)=1

B 公司 20×2 年的财务杠杆系数=200/(200−30)=1.176

C 公司 20×2 年的财务杠杆系数=200/(200−54)=1.370

【例 5-15-计算分析题】 某企业有关资料如下表所示,可以分别计算其 20×2 年经营杠杆系数、财务杠杆系数和总杠杆系数。

杠杆效应计算表　　　　　　　　　单位:万元

项目	20×1 年	20×2 年	变动率
销售收入(售价 10 元)	1 000	1 200	+20%
边际贡献(单位 4 元)	400	480	+20%
固定成本	200	200	—
息税前利润(EBIT)	200	280	+40%
利息	50	50	—
利润总额	150	230	+53.33%
净利润(税率 20%)	120	184	+53.33%
每股收益(200 万股,元)	0.60	0.92	+53.33%
经营杠杆(DOL)			2.000
财务杠杆(DFL)			1.333
总杠杆(DTL)			2.667

第四节 资本结构

一、资本结构理论

表 5-21　　　　　　　　　资本结构理论

资本结构	① 广义的资本结构是指全部债务与股东权益的构成比例 ② 狭义的资本结构是指长期负债与股东权益的构成比例
最佳资本结构	最佳资本结构是指在一定条件下使企业平均资本成本率最低、企业价值最大的资本结构。

(一) 无税 MM 理论

表 5-22　　　　　无税 MM 理论

命题 I	计算	V_L：有负债企业的价值 V_U：无负债企业的价值 $EBIT$：企业全部资产的预期收益（永续） K_{WACC}^0：有负债企业的加权平均资本成本 K_s^U：无负债企业的权益资本成本 $V_L = \dfrac{EBIT}{K_{WACC}^0}$ $V_U = \dfrac{EBIT}{K_s^U}$ $V_L = V_U$ $K_{WACC}^0 = K_s^U$
	结论	① 有负债企业的价值=无负债企业的价值，资本结构与企业价值无关 ② 有负债企业的加权平均资本成本=无负债企业的权益资本成本，资本结构与资本成本无关
命题 II	计算	K_{WACC}^0：有负债企业的加权平均资本成本 K_s^L：有负债企业的权益资本成本 K_s^U：无负债企业的权益资本成本 K_d：税前债务资本成本 D：债务的市场价值 E：权益的市场价值 $K_{WACC}^0 = \dfrac{E}{E+D} K_s^L + \dfrac{D}{E+D} K_d$ $K_{WACC}^0 = K_s^U$ $K_s^L = K_s^U + \dfrac{D}{E}(K_s^U - K_d)$
	结论	① 有负债企业的权益资本成本=无负债企业的权益资本成本+风险溢价 ② 风险溢价与财务杠杆成正比例 ③ 有负债企业的权益资本成本随着财务杠杆的提高而提高

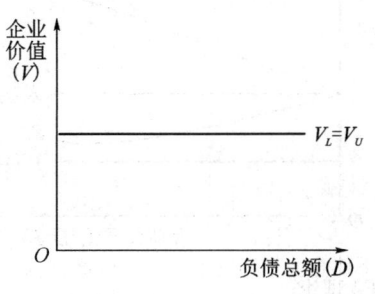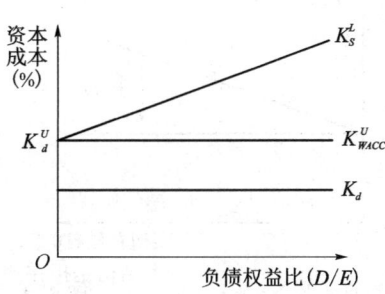

图 5-1　无税 MM 理论

(二) 有税 MM 理论

表 5-23　　　　　　　　　　有税 MM 理论

命题 I	计算	V_L：有负债企业的价值 V_U：无负债企业的价值 D：债务的市场价值 T：企业所得税税率 $V_L = V_U + T \times D$ $V_L = V_U + PV(利息抵税)$
	结论	① 有负债企业的价值＝无负债企业的价值＋债务利息抵税收益的现值 ② 有负债企业的价值随着负债比例的提高而提高 ③ 全部融资来源于负债时，企业价值达到最大
命题 II	计算	K_{WACC}^T：有负债企业的加权平均资本成本 K_s^L：有负债企业的权益资本成本 K_s^U：无负债企业的权益资本成本 K_d：税前债务资本成本 D：债务的市场价值 E：权益的市场价值 T：企业所得税税率 $K_{WACC}^T = \dfrac{E}{E+D} K_s^L + \dfrac{D}{E+D} K_d (1-T)$ $K_s^L = K_s^U + \dfrac{D}{E}(1-T)(K_s^U - K_d)$
	结论	① 有负债企业的权益资本成本＝无负债企业的权益资本成本＋风险报酬 ② 风险报酬取决于财务杠杆和企业所得税税率 ③ 风险报酬与财务杠杆成正比例 ④ 有负债企业的权益资本成本随着财务杠杆的提高而提高 ⑤ 有负债企业的加权平均资本成本随着财务杠杆的提高而降低

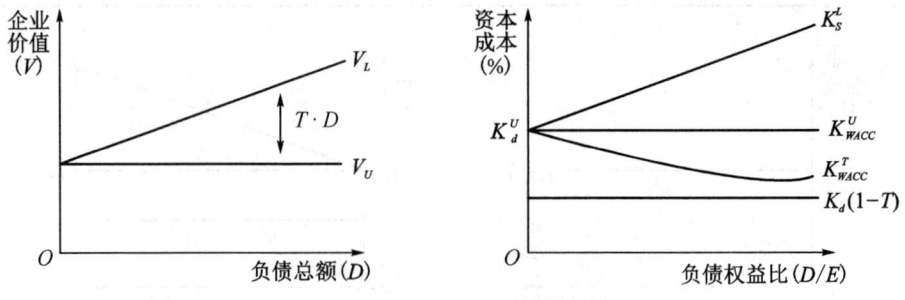

图 5-2　有税 MM 理论

【总结】

表 5-24　　　　　　　　　　　随着债务比例(D/E)的上升

	无税 MM 理论	有税 MM 理论
企业价值（V_L）	不变	提高
权益资本成本（K_s^L）	提高	提高
债务资本成本（K_d）	不变	不变
加权平均成本（K_{WACC}）	不变	降低

（三）权衡理论

表 5-25　　　　　　　　　　　　权衡理论

概念	权衡理论就是强调在平衡债务利息的抵税收益与财务困境成本的基础上，实现企业价值最大化时的最佳资本结构。此时所确定的债务比率是债务抵税收益的边际价值等于增加的财务困境成本的现值
计算	$V_L = V_U + PV(利息抵税) - PV(财务困境成本)$

（四）代理理论

表 5-26　　　　　　　　　　　　代理理论

概念	① 债务代理成本：过度投资问题、投资不足问题 ② 债务代理收益
计算	$V_L = V_U + PV(利息抵税) - PV(财务困境成本) - PV(债务的代理成本)$ 　　$+ PV(债务的代理收益)$

（五）优序融资理论

表 5-27　　　　　　　　　　　优序融资理论

概念	优序融资理论是当企业存在融资需求时，首先选择内源融资，其次选择债务融资，最后选择股权融资

【总结】

表 5-28

无税 MM 理论	$V_L = V_U$
有税 MM 理论	$V_L = V_U + PV(利息抵税)$
权衡理论	$V_L = V_U + PV(利息抵税) - PV(财务困境成本)$
代理理论	$V_L = V_U + PV(利息抵税) - PV(财务困境成本) - PV(债务的代理成本)$ 　　$+ PV(债务的代理收益)$

二、影响资本结构的因素

表 5-29　　　　　　　　　　影响资本结构的因素

企业经营状况的稳定性和成长率	如果产销业务稳定,并能够以较高的水平增长,企业可以采用高负债的资本结构
企业的财务状况和信用等级	企业财务状况良好,信用等级高,债权人愿意向企业提供信用,企业容易获得债务资本
企业资产结构	拥有大量固定资产的企业主要通过长期负债和发行股票融通资金;拥有较多流动资产的企业更多地依赖流动负债融通资金 资产适用于抵押贷款的企业负债较多;以技术研发为主的企业则负债较少
企业投资人和管理当局的态度	如果股东重视控制权问题,企业一般尽量避免普通股筹资;稳健的管理当局偏好于选择低负债比例的资本结构
行业特征和企业发展周期	产品市场稳定的成熟产业经营风险低,因此可提高债务资本比重,发挥财务杠杆作用 高新技术企业产品、技术、市场尚不成熟,经营风险高,因此可降低债务资本比重,控制财务风险 企业初创阶段,经营风险高,在资本结构安排上应控制负债比例;企业发展成熟阶段,产品产销业务量稳定和持续增长,经营风险低,可适度增加债务资本比重,发挥财务杠杆效应;收缩阶段,产品市场占有率下降,经营风险逐步加大,应逐步降低债务资本比重
经济环境的税务政策和货币政策	当所得税税率较高时,债务资本的抵税作用大,企业充分利用这种作用以提高企业价值;当国家执行了紧缩的货币政策时,市场利率较高,企业债务资本成本增大。

三、资本结构优化

（一）每股收益分析法

表 5-30　　　　　　　　　　每股收益分析法

概念	每股收益无差别点法是在计算不同融资方案下企业的每股收益（EPS）相等时所对应的盈利水平（EBIT）基础上,通过比较在企业预期盈利水平下的不同融资方案的每股收益,进而选择每股收益较大的融资方案。基于每股收益无差别点法的判断原则是比较不同融资方式能否给股东带来更大的净收益。
计算	$EBIT$：每股收益无差别时的息税前利润 I：年利息支出 T：企业所得税税率 PD：支付的优先股股利 N：筹资后流通在外的普通股股数 $$EPS_1 = \frac{(EBIT - I_1) \times (1 - T) - PD_1}{N_1}$$ $$EPS_2 = \frac{(EBIT - I_2) \times (1 - T) - PD_2}{N_2}$$ $EPS_1 = EPS_2$

(续表)

| 决策原则 | ① 息前税前利润大于每股收益无差别点的息前税前利润,选择负债(优先股)筹资
② 息前税前利润小于每股收益无差别点的息前税前利润,选择权益筹资 |

【例5-16-计算分析题】 光华公司目前资本结构为:总资本1 000万元,其中债务资本400万元(年利息40万元);普通股资本600万元(600万股,面值1元,市价5元)。企业由于有一个较好的新投资项目,需要追加筹资300万元,有两种筹资方案:

甲方案:向银行取得长期借款300万元,利息率16%。

乙方案:增发普通股100万股,每股发行价3元。

根据财务人员测算,追加筹资后销售额可望达到1 200万元,变动成本率60%,固定成本为200万元,所得税税率20%,不考虑筹资费用因素。

要求:

(1) 计算每股收益无差别点;

(2) 计算分析两个方案处于每股收益无差别点时的每股收益,并指出其特点;

(3) 根据财务人员有关追加筹资后的预测,帮助企业进行决策。

(4) 根据财务人员有关追加筹资后的预测,分别计算利用两种筹资方式的每股收益为多少。

【答案】

(1) 计算每股收益无差别点

$$\frac{(EBIT-40)\times(1-20\%)}{600+100}=\frac{(EBIT-40-48)\times(1-20\%)}{600}$$

$$EBIT=\frac{700\times 88-600\times 40}{700-600}$$

$$EBIT=376(万元)$$

(2)

$EPS_{股}=(376-40)\times(1-20\%)/(600+100)=0.384(元/股)$

$EPS_{债}=(376-40-48)\times(1-20\%)/600=0.384(元/股)$

在每股收益无差别点上,两个方案的每股收益相等,均为0.384元

(3) 决策

预计的息税前利润=1 200-1 200×60%-200=280(万元)由于筹资后的息税前利润小于每股收益无差别点,因此应该选择财务风险较小的乙方案。

(4)

$EPS_{股}=(280-40)\times(1-20\%)/(600+100)=0.274(元/股)$

$EPS_{债}=(280-40-48)\times(1-20\%)/600=0.256(元/股)$

【例 5-17-计算分析题】 光华公司目前资本结构为：总资本 1 000 万元，其中债务资本 400 万元（年利息 40 万元）；普通股资本 600 万元（600 万股，面值 1 元，市价 5 元）。企业由于扩大经营规模，需要追加筹资 800 万元，所得税税率 20%，不考虑筹资费用因素。有三种筹资方案：

甲方案：增发普通股 200 万股，每股发行价 3 元；同时向银行借款 200 万元，利率保持原来的 10%。

乙方案：增发普通股 100 万股，每股发行价 3 元；同时溢价发行 500 万元面值为 300 万元的公司债券，票面利率 15%。

丙方案：不增发普通股，溢价发行 600 万元面值为 400 万元的公司债券，票面利率 15%；由于受债券发行数额的限制，需要补充向银行借款 200 万元，利率 10%。

要求：
(1) 计算甲、乙方案的每股收益无差别点；
(2) 计算乙、丙方案的每股收益无差别点；
(3) 计算甲、丙方案的每股收益无差别点；
(4) 根据以上资料，对三个筹资方案进行选择。

【答案】
(1) 甲、乙方案的比较

$$\frac{(EBIT-40-20)\times(1-20\%)}{600+200}=\frac{(EBIT-40-45)\times(1-20\%)}{600+100}$$

得：$\overline{EBIT}=260$（万元）

(2) 乙、丙方案的比较

$$\frac{(EBIT-40-45)\times(1-20\%)}{600+100}=\frac{(EBIT-40-80)\times(1-20\%)}{600}$$

得：$\overline{EBIT}=330$（万元）

(3) 甲、丙方案的比较

$$\frac{(EBIT-40-20)\times(1-20\%)}{600+200}=\frac{(EBIT-40-80)\times(1-20\%)}{600}$$

得：$\overline{EBIT}=300$（万元）

(4) 决策

筹资方案两两比较时，产生了三个筹资分界点，上述分析结果可用下图表示，从图中可以看出：企业 EBIT 预期为 260 万元以下时，应当采用甲筹资方案；EBIT 预期为 260 万至 330 万元之间时，应当采用乙筹资方案；EBIT 预期为 330 万元以上时，应当采用丙筹资方案。

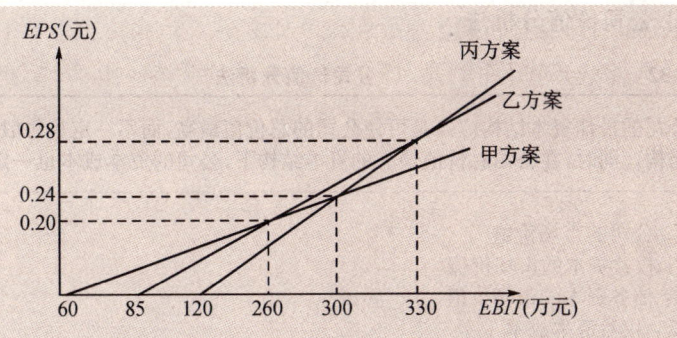

(二) 平均资本成本比较法

表5-31　　　　　　　　　平均资本成本比较法

概念	平均资本成本比较法是通过计算和比较各种可能的筹资组合方案的平均资本成本,选择平均资本成本率最低的方案,即能够降低平均资本成本的资本结构,就是合理的资本结构。这种方法侧重于从资本投入的角度对筹资方案和资本结构进行优化分析

【例5-18-计算分析题】 长达公司需筹集100万元长期资本,可以从贷款、发行债券、发行普通股三种方式筹集,其个别资本成本率已分别测定,有关资料如下表所示。

长达公司资本成本与资本结构数据表

筹资方式	资本结构			个别资本成本率
	A方案	B方案	C方案	
贷款	40%	30%	20%	6%
债券	10%	15%	20%	8%
普通股	50%	55%	60%	9%
合计	100%	100%	100%	

要求:
利用平均资本成本法确定公司的最优资本结构
【答案】
计算三个方案的综合资本成本:
A方案: $K = 40\% \times 6\% + 10\% \times 8\% + 50\% \times 9\% = 7.7\%$
B方案: $K = 30\% \times 6\% + 15\% \times 8\% + 55\% \times 9\% = 7.95\%$
C方案: $K = 20\% \times 6\% + 20\% \times 8\% + 60\% \times 9\% = 8.2\%$

因为A方案的综合资本成本最低,所以该公司的资本结构为贷款40万元,发行债券10万元,发行普通股50万元。

（三）公司价值分析法

表 5-32　　　　　　　　　　公司价值分析法

概念	公司的最佳资本结构应当是可使公司的总价值最高，而不一定是每股收益最大的资本结构。同时，在公司总价值最大的资本结构下，公司的资本成本也一定是最低的
计算	V：公司的市场价值 S：权益资本的市场价值 B：债务资本的市场价值 K_s：权益资本成本 K_d：税前债务资本成本 K_{WACC}：加权平均资本成本 T：企业所得税税率 $V = S + B$ $B = $ 面值 $S = \dfrac{(EBIT - I) \times (1 - T)}{K_s}$ $K_{WACC} = K_d \times \dfrac{B}{V} + K_s \times \dfrac{S}{V}$ $K_s = R_f + \beta \times (R_m - R_f)$

【例 5-19】 某公司息税前利润为 400 万元，资本总额账面价值 2 000 万元。假设无风险报酬率为 6%，证券市场平均报酬率为 10%，所得税税率为 40%。经测算，不同债务水平下的权益资本成本率和税前债务利息率（假设税前债务利息率等于税前债务资本成本）如下表所示。

不同债务水平下的税前债务利息率和权益资本成本率

债务市场价值 B（万元）	税前债务利息率	股票系数	权益资本成本率
0	—	1.50	12.0%
200	8.0%	1.55	12.2%
400	8.5%	1.65	12.6%
600	9.0%	1.80	13.2%
800	10.0%	2.00	14.0%
1 000	12.0%	2.30	15.2%
1 200	15.0%	2.70	16.8%

根据上表资料，可计算出不同资本结构下的企业总价值和平均资本成本。

公司价值和平均资本成本率　　　　　　　单位：万元

债务 市场价值	股票 市场价值	公司 总价值	税后债务 资本成本	普通股 资本成本	平均 资本成本
0	2 000	2 000	—	12.0%	12.0%
200	1 889	2 089	4.80%	12.2%	11.5%
400	1 743	2 143	5.10%	12.6%	11.2%
600	1 573	2 173	5.40%	13.2%	11.0%
800	1 371	2 171	6.00%	14.0%	11.1%
1 000	1 105	2 105	7.20%	15.2%	11.4%
1 200	786	1 986	9.00%	16.8%	12.1%

结论：债务为600万元时的资本结构是该公司的最优资本结构。

第六章 投资管理

考试分析

本章是财务管理的一个重点章节。本章从题型来看不仅会出客观题,而且年年都要出计算分析题或综合题,近三年的平均分数为 15 分左右。

思维导图

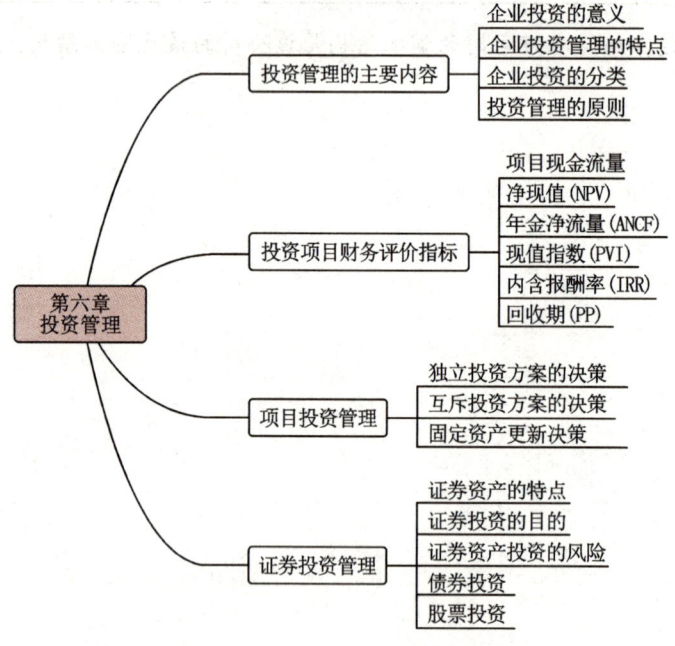

第一节 投资管理概述

一、企业投资的意义

表 6-1　　　　　　　　企业投资的意义

意义	① 投资是企业生存与发展的基本前提 ② 投资是获取利润的基本前提 ③ 投资是企业风险控制的重要手段

二、企业投资管理的特点

表 6-2　　　　　　　　　企业投资管理的特点

特点	① 属于企业的战略性决策 ② 属于企业的非程序化管理 ③ 投资价值的波动性大

三、企业投资的分类

表 6-3　　　　　　　　　企业投资的分类

分类	按投资活动与企业本身的生产经营活动的关系	① 直接投资 ② 间接投资
	按投资对象的存在形态和性质	① 项目投资 ② 证券投资
	按投资活动对企业未来生产经营前景的影响	① 发展性投资 ② 维持性投资
	按投资活动资金投出的方向	① 对内投资 ② 对外投资
	按投资项目之间的相互关联关系	① 独立投资 ② 互斥投资

四、投资管理的原则

表 6-4　　　　　　　　　投资管理的原则

原则	① 可行性分析原则 ② 结构平衡原则 ③ 动态监控原则

第二节　投资项目财务评价指标

投资项目的评价原理见表 6-5。

表 6-5　　　　　　　　　投资项目的评价原则

评价原理	① 投资项目的预期报酬率＞投资项目的资本成本,企业价值增加 ② 投资项目的预期报酬率＜投资项目的资本成本,企业价值减少

一、单一项目的评价方法(属于判断题)

(一) 净现值(NPV)

表 6-6　　　　　　　　　　净现值(NPV)

概念	一个投资项目,其未来现金净流量现值与原始投资额现值之间的差额称为净现值
计算	净现值(NPV) = 未来现金净流量现值 - 原始投资额现值
贴现率	① 以市场利率为标准:资本市场的市场利率是整个社会投资报酬率的最低水平,可以视为一般最低报酬率要求 ② 以投资者希望获得的预期最低投资报酬率为标准:考虑投资项目的风险补偿因素以及通货膨胀因素 ③ 以企业平均资本成本率为标准:企业筹资承担的资本成本率水平,给投资项目提出了最低报酬率要求
决策原则	① NPV > 0,预期报酬率 > 资本成本,增加股东财富,应予采纳 ② NPV = 0,预期报酬率 = 资本成本,不改变股东财富,没有必要采纳 ③ NPV < 0,预期报酬率 < 资本成本,减少股东财富,应予放弃
优点	① 适应性强,能基本满足项目年限相同的互斥投资方案决策 ② 能灵活地考虑投资风险
缺点	① 所采用的贴现率不易确定 ② 不适用于对独立投资方案进行决策 ③ 不能直接用于对寿命期不同的互斥投资方案进行直接决策
分析	绝对数,不便于比较,反映投资的效益。

【例 6-1-计算分析题】 依据上述资料,假定折现率为 10%。

要求:计算甲、乙两个方案的净现值

【答案】

甲方案的净现值 = $479\,200 \times (P/F, 10\%, 5) + 267\,200 \times (P/F, 10\%, 4)$
$\qquad + 275\,200 \times (P/F, 10\%, 3) + 283\,200 \times (P/F, 10\%, 2)$
$\qquad + 291\,200 \times (P/F, 10\%, 1) - 700\,000$
$= 479\,200 \times 0.620\,9 + 267\,200 \times 0.683\,0 + 275\,200 \times 0.751\,3$
$\qquad + 283\,200 \times 0.826\,4 + 291\,200 \times 0.909\,1 - 700\,000$
$= 485\,557.04(元)$

由于甲方案的净现值大于 0,所以,甲方案可行。

乙方案的净现值 = $588\,800 \times (P/F, 10\%, 5) + 308\,800 \times (P/A, 10\%, 4) - 1\,000\,000$
$\qquad = 588\,800 \times 0.620\,9 + 308\,800 \times 3.169\,9 - 1\,000\,000$
$\qquad = 344\,451.04(元)$

由于乙方案的净现值大于 0,所以,乙方案也可行。

(二) 年金净流量(ANCF)

表 6-7　　　　　　　　　　年金净流量(ANCF)

概念	项目期间内全部现金净流量总额的总现值或总终值折算为等额年金的平均现金净流量,称为年金净流量
计算	年金净流量 ＝现金流量总现值/年金现值系数 ＝现金流量总终值/年金终值系数
决策原则	① ANCF＞0,预期报酬率＞资本成本,增加股东财富,应予采纳 ② ANCF＝0,预期报酬率＝资本成本,不改变股东财富,没有必要采纳 ③ ANCF＜0,预期报酬率＜资本成本,减少股东财富,应予放弃
优点	① 适用于期限不同的投资方案决策
缺点	① 所采用的贴现率不易确定 ② 不便于对原始投资额不相等的独立投资方案进行决策
分析	绝对数,不便于比较,反映投资的效益

【例 6-2-计算分析题】 甲、乙两个投资方案,甲方案需一次性投资 10 000 元,可用 8 年,残值 2 000 元,每年取得税后营业利润 3 500 元;乙方案需一次性投资 10 000 元,可用 5 年,无残值,第一年获利 3 000 元,以后每年递增 10%,如果资本成本率为 10%,应采用哪种方案?

【答案】

两项目使用年限不同,净现值是不可比的,应考虑它们的年金净流量。由于:

甲营业期每年 $NCF = 3\,500 + (10\,000 - 2\,000)/8 = 4\,500(元)$

乙方案营业期各年 NCF:

第一年 $= 3\,000 + 10\,000/5 = 5\,000(元)$
第二年 $= 3\,000 \times (1 + 10\%) + 10\,000/5 = 5\,300(元)$
第三年 $= 3\,000 \times (1 + 10\%)^2 + 10\,000/5 = 5\,630(元)$
第四年 $= 3\,000 \times (1 + 10\%)^3 + 10\,000/5 = 5\,993(元)$
第五年 $= 3\,000 \times (1 + 10\%)^4 + 10\,000/5 = 6\,392.30(元)$
甲方案净现值 $= 4\,500 \times 5.335 + 2\,000 \times 0.467 - 10\,000 = 14\,941.50(元)$
乙方案净现值 $= 5\,000 \times 0.909 + 5\,300 \times 0.826 + 5\,630 \times 0.751 + 5\,993 \times 0.683$
$\qquad + 6\,392.3 \times 0.621 - 10\,000 = 11\,213.77(元)$
甲方案年金净流量 $= 14\,941.50/(P/A, 10\%, 8) = 2\,801(元)$
乙方案年金净流量 $= 11\,213.77/(P/A, 10\%, 5) = 2\,958(元)$

因此,乙方案优于甲方案。

(三) 现值指数 (PVI)

表 6-8　　　　　　　　　　　现值指数 (PVI)

概念	现值指数是投资项目的未来现金净流量现值与原始投资额现值之比
计算	现值指数 (PVI) ＝未来现金净流量现值/原始投资额现值
决策原则	① $PVI>1$，预期报酬率＞资本成本，增加股东财富，应予采纳。 ② $PVI=1$，预期报酬率＝资本成本，不改变股东财富，没有必要采纳。 ③ $PVI<1$，预期报酬率＜资本成本，减少股东财富，应予放弃。
优点	便于对原始投资额现值不同的独立投资方案进行比较和评价
缺点	所采用的贴现率不易确定
分析	相对数，便于比较，反映投资的效率。

【例 6-3 - 计算分析题】　有两个独立投资方案，有关资料如下表所示。

净现值计算表　　　　　　　　　　　　　　　　　单位：元

项目	方案 A	方案 B
所需投资额现值	30 000	3 000
现金流入量现值	31 500	4 200
净现值	1 500	1 200

A 方案现值指数＝31 500/30 000＝1.05

B 方案现值指数＝4 200/3 000＝1.40

计算结果表明，方案 B 的现值指数大于方案 A，应当选择 B 方案。

(四) 内含报酬率 (IRR)

表 6-9　　　　　　　　　　　内含报酬率 (IRR)

概念	内含报酬率是指对投资方案未来的每年现金净流量进行贴现，使所得的现值恰好与原始投资额现值相等，从而使净现值等于零时的贴现率。
计算	令 $NPV=0$，使用"逐步测试法"求解内含报酬率 (IRR)。
决策原则	① $IRR>$ 资本成本，增加股东财富，应予采纳 ② $IRR=$ 资本成本，不改变股东财富，没有必要采纳 ③ $IRR<$ 资本成本，减少股东财富，应予放弃

优点	① 反映了投资项目可能达到的报酬率,易于被高层决策人员所理解 ② 适合独立方案的比较决策
缺点	① 计算复杂,不易直接考虑投资风险大小 ② 在互斥方案决策时,如果各方案的原始投资额现值不相等,有时无法做出正确的决策
分析	相对数,便于比较,反映投资的效率。

【例 6-4-计算分析题】 兴达公司有一投资方案,需一次性投资 120 000 元,使用年限为 4 年,每年现金流入量分别为 30 000 元、40 000 元、50 000 元、35 000 元。

要求:计算该投资方案的内含报酬率,并据以评价该方案是否可行。

净现值的逐次测试   单位:元

年份	每年现金流入量	第一次测试 8%		第二次测试 12%		第三次测试 10%	
1	30 000	0.926	27 780	0.893	26 790	0.909	27 270
2	40 000	0.857	34 280	0.797	31 880	0.826	33 040
3	50 000	0.794	39 700	0.712	35 600	0.751	37 550
4	35 000	0.735	25 725	0.636	22 260	0.683	23 905
现金流入量现值合计		127 485		116 530		121 765	
减:原始投资额现值		120 000		120 000		120 000	
净现值		7 485		(3 470)		1 765	

【总结】

表 6-10   净现值、现值指数和内含报酬率

① $NPV > 0$——$PVI > 1$——$IRR >$ 资本成本,增加股东财富,应予采纳。
② $NPV = 0$——$PVI = 1$——$IRR =$ 资本成本,不改变股东财富,没有必要采纳。
③ $NPV < 0$——$PVI < 1$——$IRR <$ 资本成本,减少股东财富,应予放弃。
在单一项目的评价方法中,三者结论一致。
在多个项目的评价方法中,三者结论可能两两不一致。

(五)回收期($PP_{静}/PP_{动}$)

1. 静态回收期/非折现回收期($PP_{静}$)

表 6-11 　　　　　静态回收期/非折现回收期($PP_{静}$)

概念	静态回收期没有考虑货币时间价值,直接用未来现金净流量累计到原始投资数额时所经历的时间作为静态回收期
计算	① 一般情况 静态回收期($PP_{静}$)= "累计现金流入量 = 原始投资额"所需要的时间 ② 特殊情况 原始投资一次支出,每年现金净流入量相等 静态回收期($PP_{静}$)= 原始投资额/每年现金净流入量
决策原则	静态回收期越短,方案越有利

2. 动态回收期/折现回收期($PP_{动}$)

表 6-12 　　　　　动态回收期/折现回收期($PP_{动}$)

概念	动态回收期需要将投资引起的未来现金净流量进行贴现,以未来现金净流量的现值等于原始投资额现值时所经历的时间为动态回收期。
计算	动态回收期($PP_{动}$)= "累计现金流量现值 = 0"所需要的时间
决策原则	动态回收期越短,方案越有利
优点	计算简便,易于理解
缺点	静态回收期法的不足之处是没有考虑货币的时间价值;静态回收期和动态回收期计算回收期时只考虑了未来现金净流量(或现值)总和中等于原始投资额(或现值)的部分,没有考虑超过原始投资额(或现值)的部分

【例 6-5 -计算分析题】 大威矿山机械厂准备从甲、乙两种机床中选购一种机床。甲机床购价为 35 000 元,投入使用后,每年现金流量为 7 000 元;乙机床购价为 36 000 元,投入使用后,每年现金流量为 8 000 元。

要求:用回收期指标决策该厂应选购哪种机床?

【答案】

静态回收期:

　　　　　甲机床回收期=35 000/7 000=5(年)
　　　　　乙机床回收期=36 000/8 000=4.5(年)

计算结果表明,乙机床的回收期比甲机床短,该工厂应选择乙机床。

动态回收期:

甲机床

$$35\,000 = 7\,000 \times (P/A, 9\%, n)$$
$$(P/A, 9\%, n) = 5$$

期数	系数
6	4.485 9
N	5
7	5.033 0

$$\frac{n-6}{7-6} = \frac{5-4.485\,9}{5.033\,0-4.485\,9}$$

$n = 6.94(年)$

乙机床

$36\,000 = 8\,000 \times (P/A, 9\%, n)$

$(P/A, 9\%, n) = 4.5$

期数	系数
6	4.485 9
N	4.5
7	5.033 0

$$\frac{n-6}{7-6} = \frac{4.5-4.485\,9}{5.033\,0-4.485\,9}$$

$n = 6.03(年)$

【例 6-6 -计算分析题】 迪力公司有一投资项目,需投资 150 000 元,使用年限为 5 年,每年的现金流量不相等,资本成本率为 5%,有关资料如下表所示。要求:计算该投资项目的回收期。

项目现金流量表　　　　　　　　单位:元

年份	现金净流量	累计净流量
1	30 000	30 000
2	35 000	65 000
3	60 000	125 000
4	50 000	175 000
5	40 000	215 000

【答案】

静态回收期 = 3 + (150 000 - 125 000)/50 000 = 3.5(年)

动态回收期 = 3 + (150 000 - 112 145)/41 150 = 3.92(年)

二、多个项目的评价方法

(一) 互斥项目(属于单项选择题)

1. 期限相同,投资额不同

表6-13　　　　　　　　　　期限相同,投资额不同

净现值法优先	决策原则	选择净现值最大的方案,因为它可以给股东带来更多的财富,股东需要的是实实在在的报酬,而不是报酬的比率

2. 期限不同,投资额不同

表6-14　　　　　　　　　　期限不同,投资额不同

共同年限法 (重置价值链法)	计算	假设投资项目可以在终止时进行重置,通过重置使两个项目达到相同的年限,然后比较其净现值 通常选择最小公倍寿命为共同年限 方法1:重置现金流量(计算复杂,不推荐) 方法2:重置净现值(计算简单,推荐)
	决策原则	选择重置后净现值最大的方案
等额年金法	计算	等额年金 = 净现值 $/(P/A, i, n)$ 永续净现值=等额年金/资本成本 现金流入为正号,现金流出为负号
	决策原则	选择永续净现值最大的方案

【例6-7-计算分析题】 假设公司资本成本是10%,有A和B两个互斥的投资项目,A项目的年限为6年,净现值12 441万元,内含报酬率19.73%;B项目的年限为3年,净现值为8 324万元,内含报酬率32.67%。

要求:
(1) 使用共同年限法选择较优方案。
(2) 使用等额年金法选择较优方案。

【答案】
(1) 共同年限为二者的最小公倍寿命6年。
方法1:重置现金流量

单位:万元

时间	折现系数 (10%)	A		B		重置B	
		现金流	现值	现金流	现值	现金流	现值
0	1	−40 000	−40 000	−17 800	−17 800	−17 800	−17 800
1	0.909 1	13 000	11 818	7 000	6 364	7 000	6 364

(续表)

时间	折现系数(10%)	A 现金流	A 现值	B 现金流	B 现值	重置B 现金流	重置B 现值
2	0.826 4	8 000	6 612	13 000	10 744	13 000	10 744
3	0.751 3	14 000	10 518	12 000	9 016	−5 800	−4 358
4	0.683 0	12 000	8 196			7 000	4 781
5	0.620 9	11 000	6 830			13 000	8 072
6	0.564 5	15 000	8 467			12 000	6 774
净现值			12 441		8 324		14 577
内含报酬率		19.73%		32.67%			

方法2：重置净现值

B 项目的净现值 = 8 324 + 8 324 × (P/F, 10%, 3) = 8 324 + 8 324 × 0.751 3
= 14 577(万元)

结论：重置后 B 项目的净现值为 14 577 万元，大于 A 项目的净现值，因此 B 项目优于 A 项目。

(2)

A 项目的净现值的等额年金 = 12 441/(P/A, 10%, 6) = 12 441/4.355 3 = 2 857(万元)

A 项目的永续净现值 = 2 857/10% = 28 570(万元)

B 项目的净现值的等额年金 = 8 324/(P/A, 10%, 3) = 8 324/2.486 9 = 3 347(万元)

B 项目的永续净现值 = 3 347/10% = 33 470(万元)

结论：比较永续净现值，B 项目优于 A 项目。

(二) 独立项目(属于不定项选择题)

1. 总量无限

表 6-15　总量无限

决策原则	选择所有 NPV > 0，或 PI > 1，或 IRR > 资本成本的项目，因为都可以增加股东财富，所以都应当被采用

2. 总量有限

表 6-16　总量有限

现值指数排序法	计算	① 对项目按现值指数从高到低进行排序 ② 在资本限额内优先安排现值指数高的项目，直到全部资本使用完毕
排列组合穷举法	计算	① 列举所有可能的组合 ② 删除超出资本约束的组合 ③ 从剩余组合中选出净现值最大的组合

【例6-8-计算分析题】 甲公司可以投资的资本总量为10 000万元,资本成本为10%。现有三个投资项目,有关数据如下表所示。

投资项目净现值与现值指数　　　　　　　　　单位:万元

项目	时间(年末)	0	1	2	现金流入现值	净现值	现值指数
	现值系数(10%)	1	0.909 1	0.826 4			
A	现金流量	−10 000	9 000	5 000			
	现值	−10 000	8 182	4 132	12 314	2 314	1.23
B	现金流量	−5 000	5 057	2 000			
	现值	−5 000	4 600	1 653	6 253	1 253	1.25
C	现金流量	−5 000	5 000	1 881			
	现值	−5 000	4 546	1 555	6 100	1 100	1.22

要求:选择最优项目组合。

【答案】
方法1:现值指数排序法

方案	初始投资(万元)	现值指数	净现值(万元)
A	10 000	1.23	2 314
B	5 000	1.25	1 253
C	5 000	1.22	1 100

① 对项目按现值指数从高到低进行排序,其优先顺序为B、A、C。

② 在资本限额内优先安排现值指数高的项目,直到全部资本使用完毕。即优先安排B项目,用掉5 000万元;下一个应当是A项目,但是资金剩余5 000万元,A项目投资是10 000万元,无法安排;接下来安排C项目,全部资本使用完毕。

因此,应当选择B项目和C项目,放弃A项目。

方法2:排列组合穷举法

方案	初始投资(万元)	现值指数	净现值(万元)
A	10 000	1.23	2 314
B	5 000	1.25	1 253
C	5 000	1.22	1 100
A+B	15 000		3 567
B+C	10 000		2 353
A+C	15 000		3 414
A+B+C	20 000		4 667

① 列举所有可能的组合,即 A、B、C、A+B、B+C、A+C 和 A+B+C。
② 删除超出资本约束的组合,即删除 A+B、A+C 和 A+B+C。
③ 从剩余组合中选出净现值最大的组合。B+C 的净现值取最大值 2 353 万元。

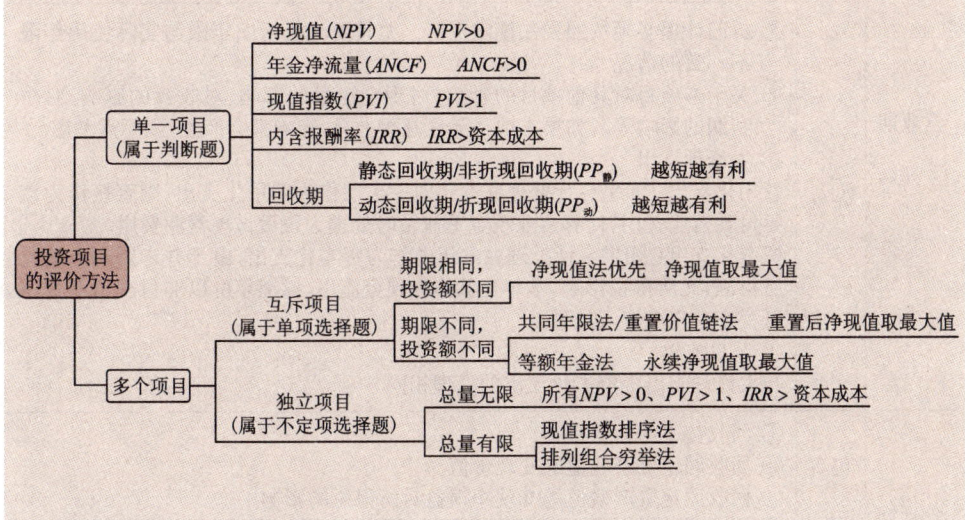

第三节　投资项目现金流量的估计

一、概述

表 6-17　　　　　　　　　　　概述

投资期	包含	① 长期资产投资(包括固定资产、无形资产、其他长期资产等) ② 垫支的营运资本 ③ 原有资产的变现价值——沿用旧设备 ④ 原有资产的变现净损益对所得税的影响——沿用旧设备
	注意	① 营运资本 情况1:先垫支后回收的形式(常见) 情况2:与销售额挂钩的形式 情况3:先流入后流出的形式 原则:投出去多少,收回来多少。 ② 如果涉及项目利用企业现有的非货币性资源,则需要考虑非货币性资源的机会成本。如果非货币性资源的用途是唯一的,则不需做以上考虑

		(续表)
营业期	包含	营业现金毛流量 ＝营业收入－付现营业费用－所得税 ＝税后经营净利润＋折旧 ＝营业收入×(1－所得税税率)－付现营业费用×(1－所得税税率)＋折旧×所得税税率
	注意	① 折旧计提必须按照税法规定进行。尤其要注意折旧年限与实际使用年限不一致的情况 ② 关于本项目对其他项目的影响(对现金流量的影响、对收入的影响、对净利润的影响等)，如果本项目无论是否上马，影响都会产生，则不需考虑。 ③ 大修理支出 费用化支出：如果会计处理在本年内一次性作为费用化支出，则直接作为该年付现营业费用，计算营业现金毛流量时处理为税后付现营业费用。 资本化支出：如果会计处理在本年内作为资本化支出，由于并未影响应纳税所得额，无所得税影响，本年全额作为现金流出，摊销年份以非付现营业费用抵税产生现金流入处理 ④ 改良支出 与大修理支出中资本化支出的处理相同
终结期	包含	① 回收垫支的营运资本 ② 回收固定资产残值的变现价值 ③ 回收固定资产残值的变现净损益对所得税的影响
	注意	由于折旧对现金流量的影响体现在对所得税的影响上，因此必须按照税法的规定计算年折旧额以及账面价值，即账面价值＝原值－按照税法规定计提的累计折旧。

【例 6-9-计算分析题】 某投资项目需要3年建成，每年年初投入建设资金90万元，共投入270万元。建成投产之时，需投入营运资金140万元，以满足日常经营活动需要。项目投产后，估计每年可获税后营业利润60万元。固定资产使用年限为7年，使用后第5年预计进行一次改良，估计改良支出80万元，分两年平均摊销。资产使用期满后，估计有残值净收入11万元，采用直线法计提折旧。项目期满时，垫支营运资金全额收回。

根据以上资料，编制成"投资项目现金流量表"如下表所示。

投资项目现金流量表 单位：万元

年份项目	0	1	2	3	4	5	6	7	8	9	10	总计
固定资产价值	(90)	(90)	(90)									(270)
固定资产折旧					37	37	37	37	37	37	37	259
改良支出								(80)				(80)
改良支出摊销										40	40	80
税后营业利润					60	60	60	60	60	60	60	420

【答案】
(1) 年限法下：年折旧＝(270－11)/7＝37(万元)
(2) 改良支出摊销＝80/2＝40(万元)

投资项目现金流量计算表　　　　　　　　　　单位：万元

年份		0	1	2	3	4	5	6	7	8	9	10
甲方案	固定资产投资	－90	－90	－90						－80		
	营运资金垫支				－140							
	营业现金流量					97	97	97	97	97	137	137

投资项目现金流量计算表　　　　　　　　　　单位：万元

年份		0	1	2	3	4	5	6	7	8	9	10
甲方案	固定资产残值											11
	营运资金回收											140
	现金流量合计	－90	－90	－90	－140	97	97	97	97	17	137	288

【例6-10-计算分析题】　某公司计划增添一条生产流水线，以扩充生产能力。现有甲、乙两个方案可供选择。甲方案需要投资500 000元。乙方案需要投资750 000元。两方案的预计使用寿命均为5年，折旧均采用直线法，甲方案预计残值为20 000元、乙方案预计残值为30 000元，甲方案预计年销售收入为1 000 000元，第一年付现成本为660 000元，以后在此基础上每年增加维修费10 000元。乙方案预计年销售收入为1 400 000元，年付现成本为1 050 000元。项目投入营运时，甲方案需垫支营运资金200 000元，乙方案需垫支营运资金250 000元。公司所得税税率为20%。

根据上述资料，两方案的现金流量计算如下表列示。

营业期现金流量计算表(直接法)　　　　　　　单位：元

年份项目	1	2	3	4	5
甲方案					
税后销售收入(1)	1 000 000×(1－20%)	1 000 000×(1－20%)	1 000 000×(1－20%)	1 000 000×(1－20%)	1 000 000×(1－20%)
税后付现成本(2)	660 000×(1－20%)	670 000×(1－20%)	680 000×(1－20%)	660 000×(1－20%)	700 000×(1－20%)
折旧抵税(3)	96 000×20%	96 000×20%	96 000×20%	96 000×20%	96 000×20%
现金流量＝(1)－(2)+(3)	291 200	283 200	275 200	267 200	259 200

营业期现金流量计算表(间接法)　　　　　　　　单位:元

年份项目	1	2	3	4	5
甲方案					
销售收入(1)	1 000 000	1 000 000	1 000 000	1 000 000	1 000 000
付现成本(2)	660 000	670 000	680 000	690 000	700 000
折旧(3)	96 000	96 000	96 000	96 000	96 000
税前利润(4)=(1)−(2)−(3)	244 000	234 000	224 000	214 000	204 000
所得税(5)=(4)×20%	48 800	46 800	44 800	42 800	40 800
税后净利(6)=(4)−(5)	195 200	187 200	179 200	171 200	163 200
现金流量(7)=(3)+(6)	291 200	283 200	275 200	267 200	259 200

投资项目现金流量计算表　　　　　　　　　　　　单位:元

	年份项目	0	1	2	3	4	5
甲方案	固定资产投资	−500 000					
	营运资金垫支	−200 000					
	营业现金流量		291 200	283 200	275 200	267 200	259 200
	固定资产残值						20 000
	营运资金回收						200 000
	现金流量合计	−700 000	291 200	283 200	275 200	267 200	479 200

	年份项目	0	1	2	3	4	5
乙方案	固定资产投资	−750 000					
	营运资金垫支	−250 000					
	营业现金流量		308 800	308 800	308 800	308 800	308 800
	固定资产残值						30 000
	营运资金回收						250 000
	现金流量合计	−1 000 000	308 800	308 800	308 800	308 800	588 800

乙方案营业现金净流量 = 税后营业利润+非付现成本

= (1 400 000−1 050 000−144 000)×(1−20%)+144 000 = 308 800(元)

或:= 收入×(1−所得税税率)−付现成本×(1−所得税税率)+非付现成本×所得税税率

= 1 400 000×80%−1 050 000×80%+144 000×20% = 308 800(元)

二、更新改造项目(互斥项目,属于单项选择题)

表 6-18　　　　　　　　　更新改造项目

期限相同,投资额不同	① 现值总成本法 ② 差额分析法
期限不同,投资额不同	① 平均年成本法(类似于等额年金法) 平均年成本 = 现值总成本 $/(P/A, i, n)$ 现金流入为负号,现金流出为正号。

【例 6-11 -计算分析题】 某公司有 1 台设备,购于 3 年前,现在考虑是否需要更新。该公司所得税税率为 25%,其他有关资料如下表所示。(该公司要求的投资回报率为 10%)

单位:元

项目	旧设备	新设备
原价	60 000	50 000
税法规定残值(10%)	6 000	5 000
税法规定使用年限(年)	6	4
已用年限	3	0
尚可使用年限	4	4
每年操作成本	8600	5 000
两年末大修支出	28 000	
最终报废残值	7 000	10 000
目前变现价值	10 000	
每年折旧额:	(直线法)	(年数总和法)
第一年	9 000	18 000
第二年	9 000	13 500
第三年	9 000	9 000
第四年	0	4 500

【答案】

(1) 沿用旧设备:

账面价值 $= 60\ 000 - 60\ 000 \times (1 - 10\%)/6 \times 3 = 33\ 000(元)$

$0: -[10\ 000 - (10\ 000 - 33\ 000) \times 25\%] = -15\ 750(元)$

折旧 $= 60\,000 \times (1-10\%)/6 = 9\,000(元)$

1: $-8\,600 \times (1-25\%) + 9\,000 \times 25\% = -4\,200(元)$

2: $-8\,600 \times (1-25\%) + 9\,000 \times 25\% - 28\,000 \times (1-25\%) = -25\,200(元)$

3: $-8\,600 \times (1-25\%) + 9\,000 \times 25\% = -4\,200(元)$

4: $-8\,600 \times (1-25\%) = -6\,450(元)$

账面价值 $= 60\,000 \times 10\% = 6\,000(元)$

4: $7\,000 - (7\,000 - 6\,000) \times 25\% = 6\,750(元)$

$NPV = -43\,336.5(元)$

(2) 使用新设备

0: $-50\,000$

1: $-5\,000 \times (1-25\%) + 18\,000 \times 25\% = 750(元)$

2: $-5\,000 \times (1-25\%) + 13\,500 \times 25\% = -375(元)$

3: $-5\,000 \times (1-25\%) + 9\,000 \times 25\% = -1\,500(元)$

4: $-5\,000 \times (1-25\%) + 4\,500 \times 25\% = -2\,625(元)$

账面价值 $= 50\,000 \times 10\% = 5\,000(元)$

4: $10\,000 - (10\,000 - 5\,000) \times 25\% = 8\,750(元)$

$NPV = -46\,574.88(元)$

因为 $-43\,336.5 > -46\,574.88$，所以沿用旧设备。

【例6-12-计算分析题】 某企业有一旧设备，工程技术人员提出更新要求，假设该企业要求的必要报酬率为15%，有关数据如下表所示。

单位：万元

	旧设备	新设备
原值	2 200	2 400
预计使用年限	10	10
已经使用年限	4	0
最终残值	200	300
变现价值	600	2 400
年运行成本	700	400

【答案】

(1) 沿用旧设备

账面价值 $= 2\,200 - (2\,200 - 200)/10 \times 4 = 1\,400(万元)$

0：-600(万元)

折旧 = (2 200 - 200)/10 = 200(万元)

1-6：-700(万元)

账面价值 = 200(万元)

6：200(万元)

$NPV = -3\ 162.69$(万元)

平均年成本 = 3 162.69/(P/A, 15%, 6) = 835.7(万元)

(2) 使用新设备

0：-2 400(万元)

折旧 = (2 400 - 300)/10 = 210(万元)

1-10：-400(万元)

账面价值 = 300(万元)

10：300(万元)

$NPV = -4\ 333.36$(万元)

平均年成本 = 4 333.36/(P/A, 15%, 10) = 863.43(万元)

因为 835.7 < 863.43，所以沿用旧设备。

第四节　证券投资管理

一、证券资产的特点

表 6-19　　　　　证券资产的特点

价值虚拟性	证券资产不能脱离实体资产而完全独立存在，但证券资产的价值不是完全由实体资本的现实生产经营活动决定的，而是取决于契约性权利所能带来的未来现金流量，是一种未来现金流量折现的资本化价值
可分割性	实体项目投资的经营资产一般具有整体性要求，如构建新的生产能力，证券资产可以分割为一个最小的投资单位，如一股股票
持有目的多元性	既可能是为未来积累现金即为未来变现而持有，也可能是为谋取资本利得即为销售而持有，还有可能是为取得对其他企业的控制权而持有
强流动性	① 变现能力强 ② 持有目的可以相互转换
高风险性	证券资产是一种虚拟资产，决定了金融投资受公司风险和市场风险的双重影响

二、证券投资的目的

表 6-20　　　　　　　　　证券投资的目的

① 分散资金投向,降低投资风险
② 利用闲置资金,增加企业收益
③ 稳定客户关系,保障生产经营
④ 提高资产的流动性,增强偿债能力

三、证券投资的风险(第二部分)

表 6-21　　　　　　　证券投资的风险(第二部分)

系统风险	价格风险	价格风险是指由于市场利率上升,而使证券资产价格普遍下跌的可能性
	再投资风险	再投资风险是由于市场利率下降,而造成的无法通过再投资而实现预期收益的可能性
	购买力风险	购买力风险是由于通货膨胀而使货币购买力下降的可能性
非系统风险	违约风险	违约风险是指证券资产发行者无法按时兑付证券资产利息和偿还本金的可能性
	变现风险	变现风险是指证券资产持有者无法在市场上以正常的价格平仓出货的可能性
	破产风险	破产风险是指在证券资产发行者破产清算时投资者无法收回应得权益的可能性

四、债券投资

(一)相关概念

表 6-22　　　　　　　　　相关概念

债券面值	指设定的票面金额,它代表发行人借入并且承诺于未来某一特定日期偿付给债券持有人的金额
票面利率	指债券发行者预计一年内向投资者支付的利息占票面金额的比率
债券到期日	指偿还债券本金的日期,债券一般都有规定到期日,以便到期日归还本金
市场利率 (等风险投资的机会成本)	准确反映预期未来现金流量风险的报酬率,是等风险投资的机会成本,主要由风险决定
内部收益率 (内含报酬率)	根据投资带来的预计现金流,能使净现值为零的报酬率,主要由现金流决定

票面利率——债券面值
市场利率(等风险投资的机会成本)R_d——债券价值 V_d
内部收益率(内含报酬率)i——债券买价 P_0

(二) 债券价值的评估模型

表 6-23　　　　　　　　　　债券价值的评估模型

典型债券	特征	固定利率、每年计算并支付利息、到期归还本金
	计算	$V_d = \dfrac{I}{1+R_d} + \dfrac{I}{(1+R_d)^2} + \cdots + \dfrac{I}{(1+R_d)^n} + \dfrac{M}{(1+R_d)^n}$ $V_d = I \cdot (P/A, R_d, n) + M \cdot (P/F, R_d, n)$

折价：债券价值＜债券面值⇒市场利率＞票面利率
　　　债券买价＜债券面值⇒内部收益率＞票面利率
平价：债券价值＝债券面值⇒市场利率＝票面利率
　　　债券买价＝债券面值⇒内部收益率＝票面利率
溢价：债券价值＞债券面值⇒市场利率＜票面利率
　　　债券买价＞债券面值⇒内部收益率＜票面利率

【例 6-13 -计算分析题】 某债券面值 1 000 元，期限 20 年，每年付息一次到期归还本金，以市场利率作为评估债券价值的贴现率，目前的市场利率 10%，如果票面利率分别为 8%、10% 和 12%。

要求：计算债券的价值

【答案】

$V_b = 80 \times (P/A, 10\%, 20) + 1\,000 \times (P/F, 10\%, 20) = 830.12(元)$
$V_b = 100 \times (P/A, 10\%, 20) + 1\,000 \times (P/F, 10\%, 20) = 1\,000(元)$
$V_b = 120 \times (P/A, 10\%, 20) + 1\,000 \times (P/F, 10\%, 20) = 1\,170.68(元)$

如果特指每半年支付一次利息，如何计算债券价值？

$V_b = 40 \times (P/A, 5\%, 40) + 1\,000 \times (P/F, 5\%, 40) = 828.08(元)$
$V_b = 50 \times (P/A, 5\%, 40) + 1\,000 \times (P/F, 5\%, 40) = 999.60(元)$
$V_b = 60 \times (P/A, 5\%, 40) + 1\,000 \times (P/F, 5\%, 40) = 1\,177.11(元)$

(三) 债券价值的影响因素

表 6-24　　　　　　　　　　债券价值的影响因素

债券面值	债券面值↑⇒债券价值↑
票面利率	票面利率↑⇒债券价值↑
市场利率	市场利率↑⇒债券价值↓
债券期限	折价：债券期限↓⇒债券价值↓ 平价：债券期限↓⇒债券价值→ 溢价：债券期限↓⇒债券价值↑

【例6-14-计算分析题】 假定市场利率为10%,面值1 000元,每年付息一次到期归还本金,票面利率分别为8%、10%和12%的三种债券,在债券到期日发生变化时的债券价值如下表所示。

债券期限变化的敏感性　　　　　　　　　　单位:元

期限	债券价值				
	票面利率10%	票面利率8%	环比差异	票面利率12%	环比差异
0年期	1 000	1 000	—	1 000	—
0年期	1 000	1 000	—	1 000	—
1年期	1 000	981.72	−18.28	1 018.08	18.08
2年期	1 000	964.88	−16.84	1 034.32	16.24
5年期	1 000	924.28	−40.60	1 075.92	41.6
10年期	1 000	877.60	−46.68	1 123.40	47.48
15年期	1 000	847.48	−30.12	1 151.72	28.32

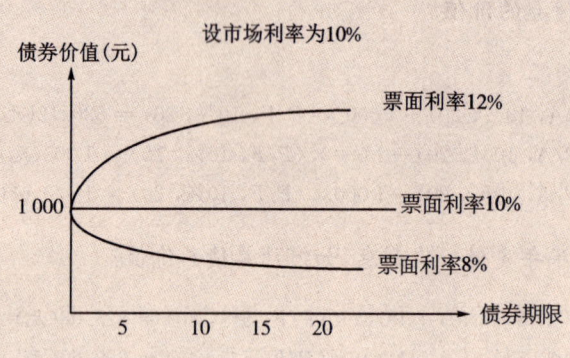

(四)债券投资的收益率
1. 债券收益的来源

表6-25　　　　　　　　　债券收益的来源

名义利息收益	债券各期的名义利息收益是其面值与票面利率的乘积
利息再投资收益	债券投资评价时,有两个重要的假定: 第一,债券本金是到期收回的,而债券利息是分期收取的 第二,将分期收到的利息重新投资于同一项目,并取得与本金同等的利息收益率
价差收益	指债券尚未到期时投资者中途转让债券,在卖价和买价之间的价差上所获得的收益,也称为资本利得收益

2. 债券的内部收益率

表 6-26 债券的内部收益率

定义	是指按当前市场价格购买债券并持有至到期日或转让日所产生的预期报酬率,也就是债券投资项目的内含报酬率。它是使未来现金流量现值等于债券购入价格的折现率
计算	$P_0 = I \cdot (P/A, i, n) + M \cdot (P/F, i, n)$ 使用"逐步测试法"求解 i。

【例 6-15 - 计算分析题】 假定投资者目前以 1 075.8 元的价格,购买一份面值为 1 000 元,每年付息一次,到期归还本金,票面利率为 12% 的 5 年期债券,投资者将该债券持有至到期日,计算其内部收益率。

【答案】
$$120 \times (P/A, R, 5) + 1\,000 \times (P/F, R, 5) = 1\,075.8(元)$$

设利率为 10%:

$$120 \times (P/A, 10\%, 5) + 1\,000 \times (P/F, 10\%, 5) = 120 \times 3.790\,8 + 1\,000 \times 0.620\,9$$
$$= 1\,075.80(元)$$

则:内部收益率 = 10%

如果债券的价格等于面值,例如,买价是 1 000 元,则:

设利率为 12%:

$$120 \times (P/A, 12\%, 5) + 1\,000 \times (P/F, 12\%, 5) = 1\,000(元)$$

如果债券的价格低于面值,例如,买价是 899.24 元,则:

设利率为 15%:

$$120 \times (P/A, 15\%, 5) + 1\,000 \times (P/F, 15\%, 5) = 899.24(元)$$

简便算法:

$$投资收益率 R = \frac{I + (B + P)/N}{(B + P)/2} \times 100\% = 10.098\%$$

五、股票投资

(一)相关概念

表 6-27 相关概念

市场利率(等风险投资的机会成本)R_s—— 股票价值 V_s
内部收益率(内含报酬率)R—— 股票买价 P_0

(二) 股票价值的评估模型

表 6-28　　　　　　　　　　股票价值的评估模型

典型股票	计算	$V_s = \dfrac{D_1}{1+R_s} + \dfrac{D_2}{(1+R_s)^2} + \cdots + \dfrac{D_n}{(1+R_s)^n}$
零增长股票	特征	假设未来股利不变,其支付过程是一个永续年金
	计算	$V_s = \dfrac{D}{R_s}$
固定增长股票	特征	有些企业的股利是不断增长的。当公司进入可持续增长状态时,其增长率是固定的
	计算	$V_s = \dfrac{D_1}{R_s - g} = \dfrac{D_0(1+g)}{R_s - g}$ D_0: 本年现金股利额 D_1: 预期下年现金股利额 P_0: 普通股当前市价 g: 股利的年增长率
阶段性增长股票	特征	在现实生活中,有的公司股利是不固定的
	计算	分段计算确定股票价值 特例:两阶段模型 $V_s = \dfrac{D_1}{1+R_s} + \dfrac{D_2}{(1+R_s)^2} + \dfrac{D_3}{(1+R_s)^3} + \dfrac{\frac{D_4}{R_s-g}}{(1+R_s)^3}$

【例 6-16-计算分析题】　假定某投资者准备购买 A 公司的股票,要求达到 12% 的收益率,该公司今年每股股利 0.8 元,预计未来股利会以 9% 的速度增长,则 A 股票的价值为:

【答案】　$V_s = 0.8 \times (1+9\%)/(12\% - 9\%) = 29.07$(元)

如果 A 股票目前的购买价格低于 29.07 元,该公司的股票是值得购买的。

【例 6-17-计算分析题】　假定某投资者准备购买 B 公司的股票,打算长期持有,要求达到 12% 的收益率,该公司今年每股股利 0.6 元,预计 B 公司未来 3 年以 15% 的速度高速成长,而后以 9% 的速度转入正常的增长。

要求:计算 B 股票的价值。

【答案】

1~3 年的股利收入现值 $= 0.69 \times (P/F, 12\%, 1) + 0.7935 \times (P/F, 12\%, 2)$
$\qquad\qquad\qquad\qquad + 0.9125 \times (P/F, 12\%, 3) = 1.8983$(元)

4~∞ 年的股利收入现值 $= D_4/(R_s - g) \times (P/F, 12\%, 3) = 33.1542 \times 0.712$

$V = 1.8983 + 33.1542 \times 0.712 = 25.51$(元)

(三)股票投资的收益率

1. 股票收益的来源

表 6-29　　　　　　　　　股票收益的来源

① 股利收益
② 股利再投资收益
③ 转让价差收益

2. 股票的内部收益率

表 6-30　　　　　　　　　股票的内部收益率

零增长股票	计算	$P_0 = \dfrac{D}{R}$ $R = \dfrac{D}{P_0}$
固定增长股票	计算	$P_0 = \dfrac{D_1}{R-g} = \dfrac{D_0(1+g)}{R-g}$ $R = \dfrac{D_1}{P_0} + g = \dfrac{D_0(1+g)}{P_0} + g$
	理解	$D_1/P_0 =$ 预期股利收益率 $g =$ 股利增长率 $=$ 股价增长率 $=$ 资本利得收益率
阶段性增长股票	计算	特例：两阶段模型 $P_0 = \dfrac{D_1}{1+R} + \dfrac{D_2}{(1+R)^2} + \dfrac{D_3}{(1+R)^3} + \dfrac{\frac{D_4}{R-g}}{(1+R)^3}$ 使用"逐步测试法"求解 R

【例 6-18 - 计算分析题】 2007年、2008年、2009年分别派分现金股利每股0.25元、0.32元、0.45元；该投资者2009年5月以每股3.5元的价格售出该股票，则 A 股票投资收益率的计算为：

【答案】

$NPV = 0.25/(1+R) + 0.32/(1+R)^2 + 0.45/(1+R)^3 + 3.5/(1+R)^3 - 3.2 = 0$

当 $R = 12\%$ 时，$NPV = 0.089\,8$

当 $R = 14\%$ 时，$NPV = -0.068\,2$

用插值法计算：$R = 12\% + 2\% \times 0.089\,8/(0.089\,8 + 0.068\,2) = 13.14\%$。

第七章 营运资金管理

考试分析

本章属于财务管理的重点章节,涉及营运资金管理的主要内容、现金管理、应收账款管理、存货管理以及流动负债管理。从历年的考试情况来看,本章除考核客观题外,也有可能出计算分析题。近3年平均考分为11分。

思维导图

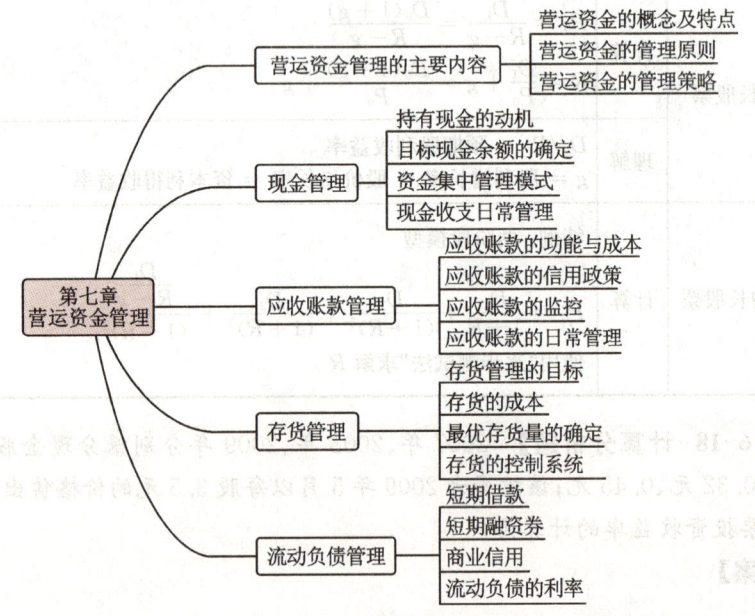

第一节 营运资金管理的主要内容

一、营运资金的概念及特点

表 7-1　　　　　　　营运资金的概念及特点

概念	营运资金是指在企业生产经营活动中占用在流动资产上的资金 广义:一个企业流动资产的总额 狭义:流动资产减去流动负债后的余额

(续表)

特点	① 营运资金的来源具有多样性 ② 营运资金的数量具有波动性 ③ 营运资金的周转具有短期性 ④ 营运资金的实物形态具有变动性和易变现性

二、营运资金的管理原则

表 7-2　　　　　　　　　营运资金的管理原则

原则	① 满足合理的资金需求 ② 提高资金使用效率 ③ 节约资金使用成本 ④ 保持足够的短期偿债能力

三、营运资金管理策略

（一）流动资产的投资策略

表 7-3　　　　　　　　　流动资产的投资策略

紧缩的流动资产投资策略	① 流动资产与销售收入比率维持低水平 ② 财务与经营风险较高 ③ 流动资产持有成本较低 ④ 流动资产短缺成本较高 ⑤ 企业的收益水平较高
宽松的流动资产投资策略	① 流动资产与销售收入比率维持高水平 ② 财务与经营风险较低 ③ 流动资产持有成本较高 ④ 流动资产短缺成本较低 ⑤ 企业的收益水平较低
影响因素	权衡资产的收益性和风险性	增加流动资产投资，会增加流动资产的持有成本，降低资产的收益性，但会提高资产的流动性。反之会降低。因此，从理论上来说，最优的流动资产投资规模等于流动资产的持有成本与短缺成本之和最低时的流动资产占用水平
	企业经营的内外部环境	① 银行和其他借款人对企业流动性水平非常重视。如果公司重视债权人的意见，会持有较多流动资产 ② 融资困难的企业，通常采用紧缩的流动资产投资策略

(续表)

影响因素	产业因素	销售边际毛利较高的产业，宽松的信用政策可能为企业带来更可观的收益
	行业类型	流动资产占用具有明显的行业特征，比如，在商业零售行业，其流动资产占用要超过机械行业
	影响企业政策的决策者	保守的决策者更倾向于宽松的流动资产投资策略，而风险承受能力较强的决策者则倾向于紧缩的流动资产投资策略 ① 生产经理和销售经理分别喜欢高水平的原材料持有量及产成品存货 ② 财务管理人员喜欢使存货和应收账款最小化

（二）流动资产的融资策略

表 7-4　　　　　　　　流动资产的融资策略

资产负债表		
永久性流动资产 波动性流动资产（临时性流动资产） 长期资产	自发性流动负债（经营性流动负债） 临时性流动负债（筹资性流动负债） 长期负债	
	股东权益	
流动资产	永久性流动资产	指满足企业长期最低需求的流动资产，其占有量通常相对稳定
	波动性流动资产（临时性流动资产）	指那些由于季节性或临时性的原因而形成的流动资产，其占用量随当时的需求而波动
流动负债	自发性流动负债（经营性流动负债）	指为了满足临时性流动资产需要所发生的负债，临时性负债一般只能供企业短期使用。主要是短期银行借款。如1年期以内的短期借款或发行短期融资券等融资方式
	临时性流动负债（筹资性流动负债）	指直接产生于企业持续经营中的负债，如商业信用筹资和日常运营中产生的其他应付款，以及应付职工薪酬、应付利息、应付税费等，自发性负债可供企业长期使用
期限匹配融资策略	① 波动性流动资产＝临时性流动负债 　永久性流动资产＋长期资产＝自发性流动负债＋长期负债＋股东权益 ② 临时性流动负债比重居中 ③ 资本成本居中，风险收益适中	

(续表)

	资产负债表
保守融资策略	① 波动性流动资产＞临时性流动负债 　永久性流动资产＋长期资产＜自发性流动负债＋长期负债＋股东权益 　长资短用 ② 临时性流动负债比重最小 ③ 资本成本高,风险收益均低
激进融资策略	① 波动性流动资产＜临时性流动负债 　永久性流动资产＋长期资产＞自发性流动负债＋长期负债＋股东权益 　短资长用 ② 临时性流动负债比重最大 ③ 资本成本低,风险收益均高

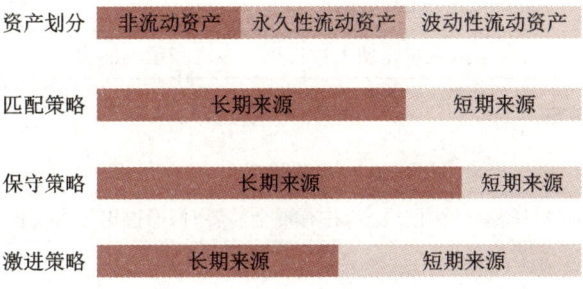

图 7-1　流动资产的融资策略

第二节　现金管理

一、持有现金的动机

表 7-5　　　　　　　　　　持有现金的动机

交易性需求	概念	企业为了维持日常周转及正常商业活动所需持有的现金额
	影响因素	企业向客户提供的商业信用条件和企业从供应商那里获得的信用条件不同;企业业务的季节性
预防性需求	概念	企业需要维持一定量现金,以应付突发事件
	影响因素	① 企业愿冒现金短缺风险的程度 ② 企业预测现金收支可靠的程度 ③ 企业临时融资的能力
投机性需求	概念	企业为了抓住突然出现的获利机会而持有的现金。

二、目标现金余额的确定

(一) 成本模型

表 7-6　成本模型

机会成本	与现金持有量同向变化
管理成本	属于固定成本,与现金持有量没有明显的变动关系
短缺成本	与现金持有量反向变化
交易成本	在全年现金需要量一定的情况下,与现金持有量反向变化
最佳持有量	持有成本最低的现金持有量
影响因素	① 机会成本(同向变动) ② 管理成本(没有明显的变动关系) ③ 短缺成本(反向变动)
决策原则	最佳现金持有量是使上述三项成本之和最小的现金持有量

(二) 存货模型

表 7-7　存货模型

概念	企业平时只持有较少的现金,在有现金需要时,通过出售有价证券换回现金
影响因素	① 机会成本(同向正比例变动) ② 交易成本(反向变动)
决策原则	 最佳现金持有量是使上述两项成本之和最小的现金持有量
计算	T:一定期间现金需求量 C:现金交易转换量(现金持有量) F:每次现金与有价证券的固定交易成本 K:持有现金的机会成本率 交易成本 $= (T/C) \times F$ 机会成本 $= (C/2) \times K$ 总成本 $= (C/2) \times K + (T/C) \times F$ 最佳现金持有额 $= \sqrt{\dfrac{2 \times T \times F}{R}}$ 最小相关总成本 $= \sqrt{2 \times T \times F \times K}$

【**例 7-1 -计算分析题**】 某企业每月现金需求总量为 5 200 000 元,每次现金转换的成本为 1 000 元,持有现金的(月)机会成本率约为 10%,则该企业的最佳现金持有量。

【**答案**】 则该企业的最佳现金持有量可以计算如下:

$$C^* = \sqrt{\frac{2 \times 5\,200\,000 \times 1\,000}{10\%}} = 322\,490(元)$$

该企业最佳现金持有量为 322 490 元,持有超过 322 490 元则会降低现金的投资收益率,低于 322 490 元则会加大企业正常现金支付的风险。

(三) 随机模型

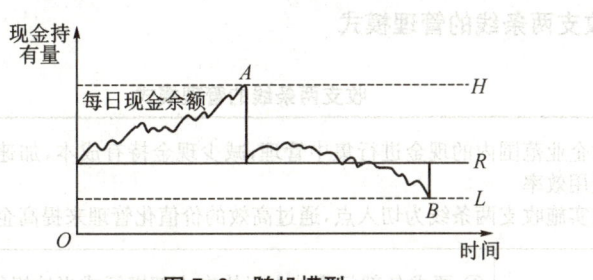

图 7-2 随机模型

表 7-8　　　　　　　　　　　随机模型

决策原则	① 现金存量在 H 与 L 之间,不予理会 ② 现金存量触碰到 H,则减少现金(用现金购买有价证券),使其返回至 R,购买金额 $=H-R$ ③ 现金存量触碰到 L,则增加现金(变现有价证券),使其返回至 R,变现金额 $=R-L$
计算	b:每次有价证券的固定转换成本 i:有价证券的日利息率 δ:预期每日现金余额变化的标准差(可根据历史资料测算) L:现金存量的下限 $R = \sqrt[3]{\dfrac{3b\delta^2}{4i}} + L$ $H - R = 2(R - L)$ $H = 3R - 2L$

【**例 7-2 -计算分析题**】 设某企业现金部经理决定 L 值应为 10 000 元,估计公司现金流量标准差为 1 000 元,持有现金的年机会成本为 15%,换算为 i 值是 0.000 39,$b = 150$ 元。

要求:根据随机模型计算目标现金余额,并且分析如何控制企业的现金持有额。

【答案】

$$R = \left[\frac{a \times 150 \times 1\,000^2}{4 \times 0.000\,39}\right]^{\frac{1}{3}} + 10\,000 = 16\,607(元)$$

$$H = 3 \times 16\,607 - 2 \times 10\,000 = 29\,821(元)$$

目标现金余额为 16 607 元,若该企业现金余额达到 29 821 元时,应买进证券 = 29 821 − 16 607 = 13 214(元);当现金余额达到 10 000 元时,应出售证券 = 16 607 − 10 000 = 6 607(元)。

三、现金管理模式

(一) 收支两条线的管理模式

表 7-9　　　　　　　收支两条线的管理模式

目的	① 对企业范围内的现金进行集中管理,减少现金持有成本,加速资金周转,提高资金使用效率 ② 以实施收支两条线为切入点,通过高效的价值化管理来提高企业效益	
构建	资金流向方面	① 要求各部门或分支机构在内部银行或当地银行设立两个账户(收入户和支出户) ② 所有收入的现金都必须进入收入户(外地分支机构的收入户资金还必须及时、足额地回笼到总部),收入户资金由企业资金管理部门(内部银行或财务结算中心)统一管理 ③ 所有的货币性支出都必须从支出户里支付,支出户里的资金只能根据一定的程序由收入户划拨而来,严禁现金坐支
	资金流量方面	① 加快资金的结算速度,尽量压缩资金在结算环节的沉淀量 ② 在调度环节上通过动态的现金流量预算和资金收支计划实现对资金的精确调度 ③ 在支出环节上,根据"以收定支"和"最低限额资金占用"的原则从收入户按照支出预算安排将资金定期划拨到支出户,支出户平均资金占用额应压缩到最低限度
	资金流程方面	资金流程是指与资金流动有关的程序和规定。它是收支两条线内部控制体系的重要组成部分,主要包括: ① 关于账户管理、货币资金安全性等规定 ② 收入资金管理与控制 ③ 支出资金管理与控制 ④ 资金内部结算与信贷管理与控制 ⑤ 收支两条线的组织保障

（二）集团企业资金集中管理模式

表 7-10　　集团企业资金集中管理模式

概念	资金集中管理,也称司库制度,是指集团企业借助商业银行网上银行功能及其他信息技术手段,将分散在集团各所属企业的资金集中到总部,由总部统一调度、统一管理和统一运用
内容	包括资金集中、内部结算、融资管理、外汇管理、支付管理等。其中,资金集中是基础

1. 统收统支模式

表 7-11　　统收统支模式

概念	企业的一切资金收入都集中在集团总部的财务部门,各分支机构或子企业不单独设立账号,一切现金支出都通过集团总部财务部门付出,现金收支的批准权高度集中
优点	有利于企业集团实现全面收支平衡,提高资金的周转效率,减少资金沉淀,监控现金收支,降低资金成本
缺点	不利于调动成员企业开源节流的积极性,影响成员企业经营的灵活性
适用范围	通常适用于企业规模比较小的公司

2. 拨付备用金模式

表 7-12　　拨付备用金模式

概念	指集团按照一定的期限统拨给所有所属分支机构或子企业备其使用的一定数额的现金。等各分支机构或子企业发生现金支出后,持有关凭证到集团财务部门报销以补足备用金
特点	拨付备用金模式相比统收统支模式具有一定的灵活性
适用范围	通常适用于那些经营规模比较小的企业

3. 结算中心模式

表 7-13　　结算中心模式

概念	结算中心通常是由企业集团内部设立的,办理内部各成员现金收付和往来结算业务的专门机构。它通常设立于财务部门内,是一个独立运行的职能机构。
特点	结算中心是为成员企业办理资金融通和结算,以降低企业成本、提高资金使用效率的服务机构。

4. 内部银行模式

表 7-14　　　　　　　　　　内部银行模式

概念	是将社会银行的基本职能与管理方式引入企业内部管理机制而建立起来的一种内部资金管理机构,它将"企业管理"、"金融信贷"和"财务管理"三者融为一体,一般是将企业的自有资金和商业银行的信贷资金统筹运作,在内部银行统一调剂、融通运用。
适用范围	内部银行一般适用于具有较多责任中心的企事业单位。

5. 财务公司模式

表 7-15　　　　　　　　　　财务公司模式

概念	财务公司是一种经营部分银行业务的非银行金融机构。
特点	集团各子公司具有完全独立的财权,可以自行经营自身的现金,对现金的使用行使决策权。另外集团对各子公司的现金控制是建立在各自具有独立的经济利益基础上的。集团公司经营者(或最高决策机构)不再直接干预子公司的现金使用和取得。
适用范围	它一般是集团公司发展到一定水平后,需要经过人民银行审核批准才能设立的。

四、现金收支日常管理

(一) 现金周转期

表 7-16　　　　　　　　　　现金周转期

概念	现金周转期:是指从取得存货开始到销售存货并收回现金为止的时期。 存货周转期:是指从收到原材料到加工原材料,形成产成品,到将产成品卖出的这一时期。 应收账款周转期:是指产品卖出后到收到顾客支付的货款的这一时期。 应付账款周转期:是指企业购买原材料并不用立即付款,这一延迟的付款时间段。
计算	经营周期＝存货周转期＋应收账款周转期 　　　　＝现金周转期＋应付账款周转期 现金周转期＝存货周转期＋应收账款周转期－应付账款周转期 存货周转期＝平均存货/每天的销货成本 应收账款周转期＝平均应收账款/每天的销货收入 应付账款周转期＝平均应付账款/每天的购货成本
减少措施	① 加快制造与销售产成品:减少存货周转期 ② 加快应收账款的回收:减少应收账款周转期 ③ 减缓支付应付账款:延长应付账款周转期

（二）收款管理
1. 收款系统

表 7-17　　　　　　　　　　　　　　收款系统

收款成本	① 浮动期成本 ② 管理收款系统相关费用（银行手续费） ③ 第三方处理费用或清算相关费用
收款浮动期	收款浮动期是指从支付开始到企业收到资金的时间间隔。收款浮动期主要是纸基支付工具导致的，有下列三种类型： ① 邮寄浮动期：从付款人寄出支票到收款人或收款人的处理系统收到支票的时间间隔 ② 处理浮动期：是指支票的接受方处理支票和将支票存入银行以收回现金所花的时间 ③ 结算浮动期：是指通过银行系统进行支票结算所需的时间

2. 收款方式的改善

表 7-18　　　　　　　　　　　　　收款方式的改善

电子支付方式的优点	① 结算时间和资金可用性可以预计 ② 向任何一个账户或任何金融机构的支付具有灵活性，不受人工干扰 ③ 客户的汇款信息可与支付同时传送，更容易更新应收账款 ④ 客户的汇款从纸基方式转向电子方式，减少或消除了收款浮动期，降低了收款成本，收款过程更容易控制，并且提高了预测精度

（三）付款管理

表 7-19　　　　　　　　　　　　　　付款管理

使用现金浮游量	现金浮游量是指由于企业提高收款效率和延长付款时间所产生的企业账户上的现金余额和银行账户上的企业存款余额之间的差额。
推迟应付款的支付	推迟应付款的支付是指企业在不影响自己信誉的前提下，充分运用供货方所提供的信用优惠，尽可能地推迟应付款的支付期。
汇票代替支票	与支票不同的是，承兑汇票并不是见票即付。它推迟了企业调入资金支付汇票的实际所需时间。
改进员工工资支付模式	企业可以为支付工资专门设立一个工资账户，通过银行向职工支付工资。
透支	企业开出支票的金额大于活期存款余额。
争取现金流出与现金流入同步	应尽量使现金流出与流入同步，这样，就可以降低交易性现金余额，同时可以减少有价证券转换为现金的次数，提高现金的利用效率，节约转换成本。
使用零余额账户	企业与银行合作，保持一个主账户和一系列子账户。企业只在主账户保持一定的安全储备，而在一系列子账户不需要保持安全储备。

第三节 应收账款管理

一、应收账款的功能

表 7-20　应收账款的功能

功能	① 增加销售的功能 ② 减少存货的功能

二、信用政策

表 7-21　信用政策

信用标准	概念	信用标准是指信用申请者获得企业提供信用所必须达到的最低信用水平,通常以预期的坏账损失率作为判别标准
	定性分析	"5C"系统 ① 品质(首要因素) ② 能力(短期偿债能力) ③ 资本(长期偿债能力) ④ 抵押 ⑤ 条件
	定量分析	① 流动性和营运资本比率:流动比率、速动比率以及现金对负债总额比率 ② 债务管理和支付比率:利息保障倍数、长期债务对资本比率、带息债务对资产总额比率,以及负债总额对资产总额比率 ③ 盈利能力指标:销售回报率、总资产回报率和净资产收益率
信用条件	概念	信用条件是销货企业要求赊购客户支付货款的条件,由信用期限、折扣期限和现金折扣三个要素组成。
	信用期间	信用期间是企业允许顾客从购货到付款之间的时间,或者说是企业给予顾客的付款期间,一般简称为信用期
	折扣期限	
	现金折扣	现金折扣是企业对顾客在商品价格上所做的扣减。向顾客提供这种价格上的优惠,主要目的在于吸引顾客为享受优惠而提前付款,缩短企业的平均收款期。另外,现金折扣也能招揽一些视折扣为减价出售的顾客前来购货,借此扩大销售量。折扣的表示常采用如"5/10、3/20、$n/30$"这样一些符号形式
收账政策	概念	收账政策是指信用条件被违反时,企业采取的收账策略

【例7-3-计算分析题】 某公司现在采用30天按发票金额付款的信用政策,拟将信用期放宽至60天,在放宽信用期的同时,为了吸引顾客尽早付款,提出了0.8/30,n/60的现金折扣条件,估计会有一半的顾客(按60天信用期所能实现的销售量计)将享受现金折扣优惠。由于销售量的增加,平均存货水平将从9 000件上升到20 000件,每件存货成本按变动成本4元计算,同时,应付账款增加50 000元。假设等风险投资的必要报酬率为15%。

某公司信用期放宽的有关资料表

项 目	30天	0.8/30, N/60
销售量(件)	100 000	120 000
销售额(元)(单价5元)	500 000	600 000
销售成本(元)		
变动成本(每件4元)	400 000	480 000
固定成本(元)	50 000	50 000
毛利(元)	50 000	70 000
可能发生的收账费用(元)	3 000	4 000
可能发生的坏账损失(元)	5 000	9 000
可能发生的折扣		600 000×50%×0.8%

要求:计算改变信用政策引起的税前损益变化,并说明该信用政策改变是否可行。

【答案】

(1)收益的增加。

收益的增加=增加的销售收入-增加的变动成本
=(600 000-500 000)-(480 000-400 000)=20 000(元)

(2)占用资金的应计利息变化。

① 应收账款占用资金的应计利息增加。

改变信用政策前:

30天信用期应计利息=500 000/360×30×400 000/500 000×15%=5 000(元)

改变信用政策后:

应收账款平均收账期=30×50%+60×50%=45(天)

提供现金折扣的应收账款占用资金应计利息=600 000/360×45×480 000/600 000×15%
=9 000(元)

应计利息增加=9 000-5 000=4 000(元)

② 存货增加而多占用资金的利息=(20 000-9 000)×4×15%=6 600(元)
③ 应付账款占用资金的应计利息减少=50 000×15%=7 500(元)
(3) 收账费用和坏账损失增加。

$$收账费用增加=4\ 000-3\ 000=1\ 000(元)$$
$$坏账损失增加=9\ 000-5\ 000=4\ 000(元)$$

(4) 估计现金折扣成本的变化。

现金折扣成本增加=新的销售水平×新的现金折扣率×享受现金折扣的顾客比例
　　　　　　　　－旧的销售水平×旧的现金折扣率×享受现金折扣的顾客比例
　　　　　　　＝600 000×0.8%×50%－500 000×0×0＝2 400(元)

(5) 税前损益的变化。

增加的税前损益=收益的增加－成本费用的增加
　　　　　　　＝20 000－(4 000+6 600－7 500+1 000+4 000+2 400)＝9 500(元)

由于税前损益增加,故应当放宽信用期,提供现金折扣。

表 7-22　　　　　　　　　　　应收账款计算

计算	(1) 收益的增加。 收益的增加=增加的销售收入－增加的变动成本 (2) 占用资金的应计利息变化。 ① 应收账款占用资金的应计利息增加。 应收账款应计利息=日销售额×平均收现期×变动成本率×资本成本 推导: 应收账款应计利息=应收账款占用资金×资本成本 　　　　　　　　＝应收账款平均余额×变动成本率×资本成本 　　　　　　　　＝日销售额×平均收现期×变动成本率×资本成本 应收账款占用资金的应计利息增加 ＝新信用政策占用资金的应计利息－原信用政策占用资金的应计利息 ② 存货占用资金的应计利息增加。 存货占用资金应计利息增加=存货增加量×存货单位变动成本×资本成本 ③ 应付账款占用资金的应计利息减少。 应付账款占用资金的应计利息减少=应付账款平均余额增加×资本成本 (3) 收账费用和坏账损失增加。 收账费用一般会直接给出,只需计算增加额。 坏账损失一般可以根据坏账损失率计算,然后计算增加额。 (4) 估计现金折扣成本的变化。 (5) 税前损益的变化。 税前损益增加=收益增加－成本费用增加

三、应收账款的监控

(一) 应收账款周转天数

表 7-23　　　　　　　　　　应收账款周转天数

概念	应收账款周转天数或平均收账期是衡量应收账款管理状况的一个指标。
计算	应收账款的逾期天数＝应收账款周转天数－平均信用期天数 应收账款的周转天数＝应收账款平均余额/平均日销售额

【例 7-4-计算分析题】　某企业 2013 年 3 月底应收账款平均余额为 285 000 元,信用条件为在 60 天内按全额付清货款,三个月的赊销情况为:

一月份：90 000 元

二月份：105 000 元

三月份：115 000 元

要求：(1) 确定应收账款周转天数；

(2) 确定应收账款平均逾期天数。

【答案】

(1) 应收账款周转天数的计算：

平均日销售额＝(90 000＋105 000＋115 000)/90＝3 444.44(元)

应收账款周转天数＝应收账款平均余额/平均日销售额＝285 000/3 444.44＝82.74(天)

(2) 平均逾期天数的计算：

平均逾期天数＝应收账款周转天数－平均信用期天数＝82.74－60＝22.74(天)。

(二) 账龄分析表

表 7-24　　　　　　　　　　账龄分析表

优点	比应收账款周转天数更能揭示应收账款变化趋势,因为账龄分析表给出了应收账款分布的模式,而不仅仅是一个平均数。

假定信用期限为 30 天,账龄分析表反映出 30% 的应收账款为逾期账款。

表 7-25　　　　　　　　　　账龄分析表

账龄(天)	应收账款金额(元)	占应收账款总额的百分比(%)
0～30	1 750 000	70
31～60	375 000	15
61～90	250 000	10
91 以上	125 000	5
合计	2 500 000	100

(三) 应收账款账户余额的模式

表 7-26　　　　　　　　应收账款账户余额的模式

概念	应收账款账户余额的模式反映一定期间（如一个月）的赊销额在发生赊销的当月月末及随后的各月仍未偿还的百分比。

【例 7-5-计算分析题】 某企业 1 月份实现销售 250 000 元，企业收款模式为：

(1) 销售的当月收回销售额的 5%；
(2) 销售后的第一个月收回销售额的 40%；
(3) 销售后的第二个月收回销售额的 35%；
(4) 销售后的第三个月收回销售额的 20%。

要求：计算 1 月份的销售在 3 月末仍未收回的应收账款。

【答案】

各月份销售及收款情况			金额单位：元
1 月份销售：			250 000
1 月份收款（销售额的 5%）	0.05×250 000	=	12 500
2 月份收款（销售额的 40%）	0.40×250 000	=	100 000
3 月份收款（销售额的 35%）	0.35×250 000	=	87 500
收款合计：			200 000
1 月份的销售在 3 月末仍未收回的应收账款：	250 000−200 000	=	50 000

计算未收回应收账款的另外一个方法是将销售三个月后未收回销售额的百分比 (20%) 乘以销售额 (250 000 元)，即：0.2×250 000=50 000（元）。

【例 7-6-计算分析题】 下面提供一个应收账款账户余额模式的例子。为了简便体现，该例假设没有坏账费用，假定收款模式如下：

(1) 销售的当月收回销售额的 5%；
(2) 销售后的第一个月收回销售额的 40%；
(3) 销售后的第二个月收回销售额的 35%；
(4) 销售后的第三个月收回销售额的 20%。

各月份应收账款账户余额模式

月份	销售额（元）	月销售中于 3 月底未收回的金额（元）	月销售中于 3 月底仍未收回的百分比（%）
1	250 000	50 000	20
2	300 000	165 000	55
3	400 000	380 000	95
4	500 000		

要求：

(1) 3月末应收账款余额合计；

(2) 预计4月份现金流入。

【答案】

(1) 3月底未收回应收账款余额合计为：

$$50\,000+165\,000+380\,000=595\,000(元)$$

(2) 4月份现金流入估计＝4月份销售额的5％＋3月份销售额的40％＋2月份销售额的35％＋1月份销售额的20％

估计的4月份现金流入＝(5％×500 000)＋(40％×400 000)＋(35％×300 000)＋(20％×250 000)＝340 000(元)。

(四) ABC分析法

表7-27　　　　　　　　　ABC分析法

分类	特点	管理方法
概念	ABC分析法是现代经济管理中广泛应用的一种"抓重点、照顾一般"的管理方法，又称重点管理法。它将企业的所有欠款客户按其金额的多少进行分类排队，然后分别采用不同的收账策略的一种方法	
A类客户	应收账款逾期金额占应收账款逾期金额总额的比重大	这类客户作为催款的重点对象；可以发出措辞较为严厉的信件催收，或派专人催收，或委托收款代理机构处理，甚至可以通过法律解决
B类客户	应收账款逾期金额占应收账款逾期金额总额的比重居中	可以多发几封信函催收，或打电话催收
C类客户	应收账款逾期金额占应收账款逾期金额总额的比重较小	对C类客户只需要发出通知其付款的信函即可

表7-28　　　　欠款客户ABC分类法(共50家客户)

顾客	逾期金额(万元)	逾期期限	逾期金额所占比重(％)	类别
A	85	4个月	32.69	
B	46	6个月	17.69	A
C	34	3个月	13.08	
小计	165		63.46	
D	24	2个月	9.23	
E	19	3个月	7.31	
F	15.5	2个月	5.96	B
G	11.5	55天	4.42	
H	10	40天	3.85	

(续表)

顾客	逾期金额(万元)	逾期期限	逾期金额所占比重(%)	类别
小计	80		30.77	
I	6	30天	2.31	C
J	4	28天	1.54	
…	…	…	…	
小计	15		5.77	
合计	260		100	

五、应收账款日常管理

(一)调查客户信用

表7-29　　　　　　　　　　调查客户信用

概念	信用调查是指收集和整理反映客户信用状况的有关资料的工作

(二)评估客户信用

表7-30　　　　　　　　　　评估客户信用

概念	企业一般采用"5C"系统来评价,并对客户信用进行等级划分

(三)收账的日常管理

表7-31　　　　　　　　　　收账的日常管理

概念	根据应收账款总成本最小化的原则,可以通过比较各收账方案成本的大小对其加以选择

(四)应收账款保理

表7-32　　　　　　　　　　应收账款保理

概念		应收账款保理是企业将赊销形成的未到期应收账款,在满足一定条件的情况下,转让给保理商,以获得银行的流动资金支持,加快资金的周转
分类	按保理商是否有追索权	有追索权保理(非买断型)	供应商将债权转让给保理商,供应商向保理商融通货币资金后,如果购货商拒绝付款或无力付款,保理商有权向供应商要求偿还预付的货币资金,如购货商破产或无力支付,只要有关款项到期未能收回,保理商都有权向供应商进行追索,因而保理商具有全部"追索权"
		无追索权保理(买断型)	是指保理商将销售合同完全买断,并承担全部的收款风险
	按是否通知购货商保理情况	明保理	指保理商和供应商需要将销售合同被转让的情况通知购货商,并签订保理商、供应商、购货商之间的三方合同

（续表）

分类			
	按是否通知购货商保理情况	暗保理	指供应商为了避免让客户知道自己因流动资金不足而转让应收账款，并不将债权转让情况通知客户，货款到期时仍由销售商出面催款，再向银行偿还借款。
	按是否提供预付账款融资	折扣保理（融资保理）	即在销售合同到期前，保理商将剩余未收款部分先预付给销售商，一般不超过全部合同额的70%～90%。
		到期保理	指保理商并不提供预付账款融资，而是在赊销到期时才支付，届时不管货款是否收到，保理商都必须向销售商支付货款。
作用	① 融资功能：实质是一种利用未到期应收账款这种流动资产作为抵押从而获得银行短期借款的一种融资方式。 ② 减轻企业应收账款的管理负担：推行保理业务是市场分工思想的运用。 ③ 减少坏账损失、降低经营风险。 ④ 改善企业的财务结构：企业通过出售应收账款,将流动性稍弱的应收账款置换为具有高度流动性的货币资金,增强了企业资产的流动性,提高了企业的债务清偿能力。		

【例7-7·计算分析题】 H公司主要生产和销售冰箱、中央空调和液晶电视。20×1年全年实现的销售收入为14.44亿元。公司20×1年有关应收账款具体情况如下表所示：

H公司20×1年应收账款账龄分析表金额　　　　单位：亿元

应收账款	冰箱	中央空调	液晶电视	合计
年初应收账款总额	2.93	2.09	3.52	8.54
年末应收账款：				
(1) 6个月以内	1.46	0.80	0.58	2.84
(2) 6至12个月	1.26	1.56	1.04	3.86
(3) 1至2年	0.20	0.24	3.26	3.70
(4) 2至3年	0.08	0.12	0.63	0.83
(5) 3年以上	0.06	0.08	0.09	0.23
年末应收账款总额	3.06	2.80	5.60	11.46

上述应收账款中，冰箱的欠款单位主要是机关和大型事业单位的后勤部门；中央空调的欠款单位均是国内知名厂家；液晶电视的主要欠款单位是美国Y公司。

20×2年H公司销售收入预算为18亿元，有6亿元资金缺口。为了加快资金周转速度，决定对应收账款采取以下措施：

(1) 较大幅度提高现金折扣率，在其他条件不变的情况下，预计可使应收账款周转率由20×1年的1.44次提高至20×2年的1.74次，从而加快回收应收账款。

(2) 成立专门催收机构,加大应收账款催收力度,预计可提前收回资金 0.4 亿元。

(3) 将 6 至 12 个月应收账款转售给有关银行,提前获得周转所需货币资金。据分析,H 公司销售冰箱和中央空调发生的 6 至 12 个月应收账款可平均以 9.2 折转售银行(且可无追索权);销售液晶电视发生的 6 至 12 个月应收账款可平均以 9.0 折转售银行(但必须附追索权)。

(4) 20×2 年以前,H 公司给予 Y 公司一年期的信用政策;20×2 年,Y 公司要求将信用期延长至两年。考虑到 Y 公司信誉好,且 H 公司资金紧张时应收账款可转售银行(但必须附追索权),为了扩大外销,H 公司接受了 Y 公司的条件。

要求:

(1) 计算 H 公司采取第(1)项措施后,20×2 年所能增收的资金数额;

(2) 计算 H 公司采取第(3)项措施后,20×2 年所能增收的资金数额;

(3) 计算 H 公司采取(1)至(3)项措施后,20×2 年所能增收的资金总额;

(4) 请针对 H 公司 20×2 年对应收账款采取的各项措施应注意的问题或存在的潜在风险进行说明。

【答案】

(1) 20×2 年末应收账款:$(18/1.74) \times 2 - 11.46 = 9.23$(亿元)

采取第(1)项措施 20×2 年增收的资金数额:

$11.46 - 9.23 = 2.23$(亿元)

(2) 采取第(3)项措施 20×2 年增收的资金数额:

$(1.26 + 1.56) \times 0.92 + 1.04 \times 0.9 = 3.53$(亿元)

(3) 采取(1)至(3)项措施预计 20×2 年增收的资金数额:

$2.23 + 0.4 + 3.53 = 6.16$(亿元)

(4) H 公司 20×2 年所采取的各项措施评价:

① 大幅度提高现金折扣,虽然可以提高公司货款回收速度,但也可能导致企业盈利水平降低甚至使企业陷入亏损。因此,公司应当在仔细分析计算后,适当提高现金折扣水平。

② 成立专门机构催款,必须充分考虑成本效益原则,防止得不偿失。

③ 公司选择将收账期在 1 年以内、销售冰箱和中央空调的应收账款出售给有关银行,提前获得企业周转所需货币资金,应考虑折扣水平的高低,同时注意防范所附追索权带来的风险。

④ 销售液晶电视的账款,虽可转售银行,但由于必须附追索权,风险仍然无法控制或转移,因此,应尽量避免以延长信用期限方式进行销售。

第四节 存货管理

一、存货管理的目标

表 7-33　　　　　　　　　　存货管理的目标

目标	① 保证生产正常进行 ② 有利于销售 ③ 便于维持均衡生产，降低产品成本 ④ 降低存货取得成本 ⑤ 防止意外事件的发生

二、相关概念

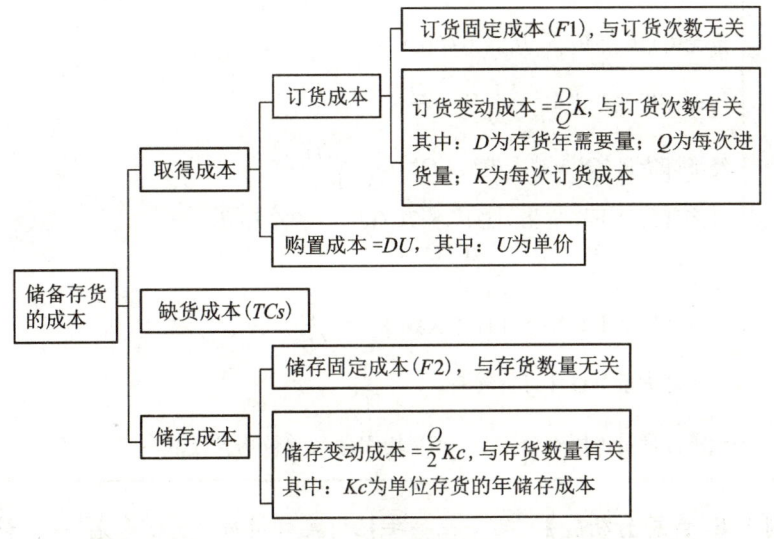

图 7-3　相关概念

储备存货的总成本 $TC = F1 + \dfrac{D}{Q}K + DU + F2 + \dfrac{Q}{2}Kc + TCs$

表 7-34　　　　　　　　　　相关概念

订货固定成本	如常设采购机构的基本开支
订货变动成本	如差旅费、邮资
储存固定成本	如仓库折旧、仓库职工的固定月工资
储存变动成本	如存货占用资金应计利息、存货的破损和变质损失、存货的保险费用

三、存货经济批量分析

(一) 经济订货量基本模型

表 7-35　　　　　　　　　　经济订货量基本模型

概念	按照存货管理的目的,需要通过合理的进货批量和进货时间,使存货的总成本最低,这个批量叫作经济订货量或经济批量
假设	① 能及时补充存货,即需要订货时便可立即取得存货; ② 能集中到货,而不是陆续入库; ③ 不允许缺货,即无缺货成本; ④ 需求量稳定,并且能预测; ⑤ 存货单价不变; ⑥ 企业现金充足,不会因现金短缺而影响进货; ⑦ 所需存货市场供应充足,不会买不到需要的存货
基本公式	储备存货的总成本 $TC = F1$(与批量无关)$+ \frac{D}{Q}K + DU$(与批量无关)$+ F2$(与批量无关)$+ \frac{Q}{2}Kc + TCs$(不存在) 与批量相关总成本 $= \frac{D}{Q}K + \frac{Q}{2}Kc$ 经济订货量(Q^*)基本模型:$Q^* = \sqrt{\frac{2KD}{Kc}}$ 经济订货量下存货相关总成本 $TC(Q^*) = \sqrt{2KDKc}$ $\frac{D}{Q^*} \times K = \frac{Q^*}{2} \times Kc = \frac{TC(Q^*)}{2}$ 经济订货量下每年最佳订货次数 $N^* = \frac{D}{Q^*}$ 经济订货量下最佳订货周期 $t^* = \frac{1}{N^*}$ 经济订货量占用资金 $I^* =$ 年平均库存$\times$单位购置成本 $= \frac{Q^*}{2} \times U$

【例 7-8-计算分析题】 某企业每年耗用某种材料 3 600 千克,该材料单位成本为 10 元,单位存储成本为 2 元,一次订货成本为 25 元。则:

$$Q^* = \sqrt{\frac{2KD}{Kc}} = \sqrt{\frac{2 \times 3\,600 \times 25}{2}} = 300(千克)$$

$$N^* = \frac{D}{Q^*} = 3\,600/300 = 12(次)$$

$$TC(Q^*) = \sqrt{2KDKc} = \sqrt{2 \times 3\,600 \times 25 \times 2} = 600(元)$$

$$t^* = 1/12(年) = 1(月)$$

$$I^* = \frac{Q^*}{2} \times U = 300/2 \times 10 = 1\,500(元)$$

(二) 经济订货量基本模型的扩展

1. 订货提前期

表 7-36　　　　　　　　　　订货提前期

再订货点 $R = L \times d =$ 交货时间 $\times$ 每日需求量
订货提前期对经济订货量无影响。

【例 7-9-计算分析题】 企业订货日期至到货日期的时间为 10 天,每日存货需要量为 10 千克。

要求：计算再订货点。

【答案】　$R = L \cdot d = 10 \times 10 = 100$（千克）

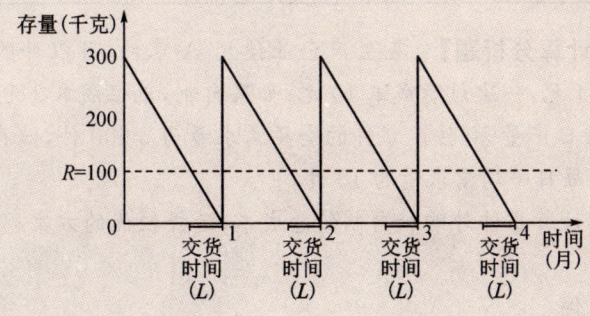

2. 存货陆续供应和使用

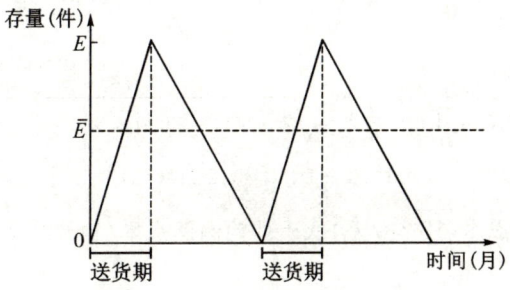

图 7-4　存货陆续供应和使用

表 7-37　　　　　　　　　存货陆续供应和使用

Q：每批订货数
P：每日送货量
d：每日耗用量

最高库存量 $E = \dfrac{Q}{P}(p-d) = Q\left(1 - \dfrac{d}{P}\right)$

平均库存量 $= \dfrac{Q}{2}\left(1 - \dfrac{d}{P}\right)$

(续表)

与批量有关的总成本	$= \frac{D}{Q}K + \frac{Q}{2}\left(1-\frac{d}{P}\right)Kc$
存货陆续供应和使用的经济订货量:	$Q^* = \sqrt{\dfrac{2KD}{Kc\left(1-\dfrac{d}{p}\right)}}$
存货陆续供应和使用的经济订货量总成本公式为:	$TC(Q^*) = \sqrt{2KDKc\left(1-\dfrac{d}{p}\right)}$
经济订货量下最佳订货次数	$N^* = \dfrac{D}{Q^*}$
经济订货量下最佳订货周期	$t^* = \dfrac{1}{N^*}$
经济订货量占用资金	$I^* = $ 年平均库存 $\times$ 单位购置成本 $= \dfrac{Q^*}{2} \times \left(1-\dfrac{d}{P}\right) \times U$

【例 7-10-计算分析题】 某生产企业使用 A 零件,可以外购,也可以自制。如果外购,单价 4 元,一次订货成本 10 元;如果自制,单位成本 3 元,每次生产准备成本 600 元。每日产量 50 件。零件的全年需求量为 3 600 件,储存变动成本为零件价值的 20%,每日平均需求量为 10 件。

要求:分别计算零件外购和自制的总成本,选择较优的方案。

【答案】

(1) 外购零件

$$TC(Q^*) = \sqrt{2KDK_C} = \sqrt{2 \times 10 \times 3\,600 \times 4 \times 0.2} = 240(元)$$

$$TC = DU + TC(Q^*) = 3\,600 \times 4 + 240 = 14\,640(元)$$

(2) 自制零件

$$TC(Q^*) = \sqrt{2KDK_C \times \left(1-\frac{d}{p}\right)} = \sqrt{2 \times 600 \times 3\,600 \times 3 \times 0.2 \times \left(1-\frac{10}{50}\right)} = 1\,440(元)$$

$$TC = DU + TC(Q^*) = 3\,600 \times 3 + 1\,440 = 12\,240(元)$$

由于自制的总成本(12 240 元)低于外购的总成本(14 640 元),故以自制为宜。

3. 保险储备

表 7-38　　　　　　　　　　保险储备

概念	前述模型均假设每日需求量不变,交货时间也固定不变。实际上,每日需求量可能变化,交货时间也可能变化。按照某一订货批量(如经济订货批量)和再订货点发出订单后,如果需求增大或送货延迟,就会发生缺货或供货中断; 为了防止由此造成的损失,就需要多储备一些存货以备应急之需,这称为保险储备(安全存量) 【注意】 保险储备在正常情况下不动用,只有当存货过量使用或送货延迟时才动用

(续表)

考虑保险储备的再订货点	$R=$ 交货时间 $\times$ 平均日需求量 $+$ 保险储备 $= L \times d + B$
保险储备确定的原则	保险储备确定的原则,是使保险储备的储存成本及缺货成本之和最小 设单位缺货成本为 Ku,一次订货缺货量为 S,年订货次数为 N,保险储备量为 B,单位存货的年储存成本为 Kc,则: 与保险储备相关的总成本 $TC(S, B) = Ku \times S \times N + B \times Kc$ 保险储备量 B 从 0 开始,按照需要量的间隔累加,逐步测试总成本,一直测到无缺货为止,选择与保险储备有关的总成本最低的保险储备量 【注意】 (1) 按照需要量的间隔累加是为了找缺货的概率; (2) 延迟交货引起的缺货,也可以通过建立保险储备来解决。确定保险储备量时,只需将延迟到货的天数折算为增加的需求量即可

【例 7-11 -计算分析题】 假设保险储备量 $B = 100$ 件,则再订货点相应提高:
$R = L \times d + B = 10 \times 10 + 100 = 200$(件)

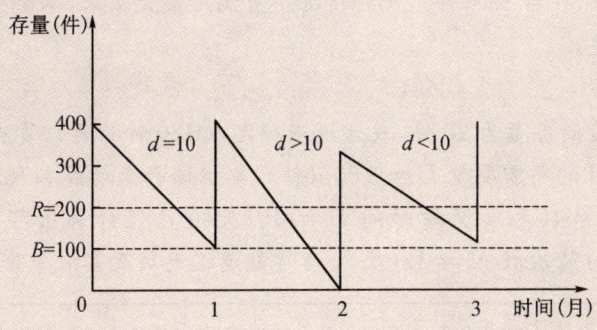

【例 7-12 -计算分析题】 假定某存货的年需要量 $D = 3\,600$ 件,单位储存变动成本 $Kc = 2$ 元,单位缺货成本 $Ku = 4$ 元,交货时间 $L = 10$ 天;已经计算出经济订货量 $Q = 300$ 件,每年订货次数 $N = 12$ 次。交货期内的存货需要量及其概率分布见下表。

要求:计算确定最优保险储备量。

某种存货交货期内的需要量及其概率分布表

需要量($10 \times d$)	70	80	90	100	110	120	130
概率(P)	0.01	0.04	0.20	0.50	0.20	0.04	0.01

【答案】

(1) 设 $B = 0$,

交货期内平均需要量 $= 10 \times 3\,600/360 = 100$(即库存为 100 件时,即准备订货)

此时 $R = 100$(件),3 种情况下可能缺货(110、120 和 130)

$S_0 = (110 - 100) \times 0.2 + (120 - 100) \times 0.04 + (130 - 100) \times 0.01 = 3.1$(件)

$TC(S, B) = 4 \times 3.1 \times 12 + 0 \times 2 = 148.8$(元)

(2) 设 $B = 10$,

$R = 100 + 10 = 110$(件),2 种情况下可能缺货(120 和 130)

$S_{10} = (120 - 110) \times 0.04 + (130 - 110) \times 0.01 = 0.6$(件)

$TC(S, B) = 4 \times 0.6 \times 12 + 10 \times 2 = 48.8$(元)

(3) 设 $B = 20$,

$R = 100 + 20 = 120$(件),1 种情况下可能缺货(130)

$S_{20} = (130 - 120) \times 0.01 = 0.1$(件)

$TC(S, B) = 4 \times 0.1 \times 12 + 20 \times 2 = 44.8$(元)

(4) 设 $B = 30$,

$R = 100 + 30 = 130$(件),此种情况下可满足最大需求,不会发生缺货,

$S_{30} = 0$(件)

$TC(S, B) = 30 \times 2 = 60$(元)

结论:保险储备量为 20 件,或者说应确定以 120 件为再订货点。

假定某存货的年需要量 $D = 3\,600$(件),单位储存变动成本 $Kc = 2$(元),单位缺货成本 $Ku = 4$(元),交货时间 $L = 10$(天);已经计算出经济订货量 $Q = 300$(件),每年订货次数 $N = 12$(次)。交货期延迟天数及其概率分布如下:

交货天数	提前3天	提前2天	提前1天	准时交货	延迟1天	延迟2天	延迟3天
概率	0.01	0.04	0.2	0.5	0.2	0.04	0.01

延迟交货引起的缺货,也可以通过建立保险储备来解决。确定保险储备量时,只需将延迟到货的天数折算为增加的需求量即可。

比如,延迟到货 3 天的概率为 0.01,则可以认为缺货 30 件(3×10)或者交货期内需求量为 130 件的概率为 0.01,这样就把交货延迟问题转换成了需求过量问题。

交货天数	提前3天	提前2天	提前1天	准时交货	延迟1天	延迟2天	延迟3天
概率	0.01	0.04	0.2	0.5	0.2	0.04	0.01
需要量	70	80	90	100	110	120	130

四、存货的控制系统

(一) ABC 控制系统

表 7-39　　　　　　　　　　　ABC 控制系统

分类	特点	管理方法
A类	价值高,品种数量较少	实行重点控制、严格管理
B类	价值一般,品种数量相对较多	对 B 类和 C 类库存的重视程度则可依次降低,采取一般管理
C类	品种数量繁多,价值却很小	

(二) 适时制库存控制系统(零库存管理,看板管理系统)

表 7-40　　　　　　　　　　　适时制库存控制系统

基本原理	是指制造企业事先和供应商和客户协调好;只有当制造企业在生产过程中需要原料或零件时,供应商才会将原料或零件送来;每当产品生产出来就被客户拉走
优点	降低库存成本
缺点	经营风险大(适时制库存控制系统需要的是稳定而标准的生产程序以及诚信的供应商,否则,任何一环出现差错都将导致整个生产线的停止)

第五节　流动负债管理

一、短期借款

1. 短期借款的信用条件

表 7-41　　　　　　　　　　短期借款的信用条件

信贷额度	概念	即贷款限额,是借款企业与银行在协议中规定的借款最高限额
	特点	① 无法律效应,银行并不承担必须支持全部信贷数额的义务; ② 信贷额度的有效期限通常为 1 年
周转信贷协定	概念	银行具有法律义务地承诺提供不超过某一最高限额的贷款协定
	特点	① 有法律效应,银行必须满足企业不超过最高限额的借款; ② 周转信贷协定的有效期常超过 1 年,但实际上贷款每几个月发放一次,所以这种信贷具有短期和长期借款的双重特点; ③ 贷款限额未使用的部分,企业需要支付承诺费
补偿性余额	概念	银行要求借款企业在银行中保持按贷款限额或实际借款额一定比例(通常为 10%～20%)计算的最低存款余额
	特点	会提高借款的实际利率
借款抵押	概念	银行发放贷款时往往需要有抵押品担保
其他承诺	概念	银行有时还要求企业为取得贷款而作出其他承诺

【例 7-13 -计算分析题】 某企业与银行商定的周转信贷额度为 5 000 万元，年度内实际使用了 2 800 万元，承诺率为 0.5%，企业应向银行支付的承诺费为：

【答案】 信贷承诺费 =（5 000 - 2 800）× 0.5% = 11（万元）。

【例 7-14 -计算分析题】 某企业向银行借款 800 万元，利率为 6%，银行要求保留 10% 的补偿性余额，则企业实际可动用的贷款为 720 万元，该借款的实际利率为：

【答案】 借款实际利率 =（800 × 6%）/720 = 6%/(1 - 10%) = 6.67%。

2. 短期借款的成本

表 7-42　　　　　　　　　短期借款的成本

付息方式	付息特点	含义	实际利率与名义利率的关系
收款法	利随本清	借款到期时向银行支付利息	实际利率 = 名义利率
贴现法（折价法）	预扣利息	即银行向企业发放贷款时，先从本金中扣除利息部分，到期时借款企业偿还全部贷款本金的一种利息支付方法	实际利率 > 名义利率
加息法	分期等额偿还本息	加息法是银行发放分期等额偿还贷款时采用的利息收取方法	实际利率 = 2 名义利率

【例 7-15 -计算分析题】 某企业从银行取得借款 200 万元，期限 1 年，利率 6%，利息 12 万元。按贴现法付息，企业实际可动用的贷款为 188 万元，该借款的实际利率为：

【答案】 借款实际利率 =（200 × 6%）/188 = 6%/(1 - 6%) = 6.38%。

【例 7-16 -计算分析题】 某企业借入（名义）年利率为 12% 的贷款 20 000 元，分 12 个月等额偿还本息。该项借款的实际年利率为：

【答案】 实际年利率 =（20 000 × 12%）/(20 000/2) = 24%。

二、短期融资券

表 7-43　　　　　　　　　短期融资券

概念	是由企业依法发行的无担保短期本票
分类	① 按发行人分类，短期融资券分为金融企业的融资券和非金融企业的融资券。在我国，目前发行和交易的是非金融企业的融资券； ② 按发行方式分类，短期融资券分为经纪人承销的融资券和直接销售的融资券。非金融企业发行融资券一般采用间接承销方式进行，金融企业发行融资券一般采用直接发行方式进行

(续表)

发行条件	① 发行人为非金融企业； ② 发行对象：银行间债券市场的机构投资者(不向社会公众发行和交易)； ③ 不能自行销售，只能委托符合条件的金融机构承销(间接承销方式)； ④ 采用实名记账方式在中央国债登记结算有限责任公司登记托管； ⑤ 债务融资工具发行利率、发行价格和所涉费率以市场化方式确定，任何商业机构不得以欺诈、操纵市场等行为获取不正当利益
优点	① 短期融资券的筹资成本较低。相对于发行公司债券筹资而言，发行短期融资券的筹资成本较低； ② 短期融资券筹资数额比较大。相对于银行借款筹资而言，短期融资券一次性的筹资数额比较大
缺点	发行短期融资券的条件比较严格。必须具备一定的信用等级的实力强的企业，才能发行短期融资券筹资

三、商业信用

表 7-44　　　　　　　　　　商业信用

概念	商业信用是指企业在商品或劳务交易中，以延期付款或预收货款方式进行购销活动而形成的借贷关系，是企业之间的直接信用行为	
形式	应付账款	放弃现金折扣成本： ① 信用期付款 $$放弃现金折扣成本 = \frac{折扣百分比}{1-折扣百分比} \times \frac{360}{信用期-折扣期}$$ ② 逾期付款 $$放弃现金折扣成本 = \frac{折扣百分比}{1-折扣百分比} \times \frac{360}{付款期-折扣期}$$ 决策原则： ① 放弃现金折扣成本率>短期贷款利率或短期投资报酬率占用资金成本较高，则不应占用对方资金，折扣期内付款； ② 放弃现金折扣成本率<短期贷款利率或短期投资报酬率占用资金成本较低，则应占用对方资金，信用期内付款； ③ 企业缺乏资金欲展期付款，若展期付款所降低的折扣成本>展期付款的信用损失，应展期付款
	应付票据	
	预收货款	
	应计未付款	主要包括应付职工薪酬、应缴税金、应付利润或应付股利等
优点	① 商业信用容易获得； ② 企业有较大的机动权； ③ 企业一般不用提供担保	
缺点	① 商业信用筹资成本高； ② 容易恶化企业的信用水平； ③ 受外部环境影响较大	

【例7-17-计算分析题】 公司采购一批材料,供应商报价为10 000元,付款条件为:3/10、2.5/30、1.8/50、N/90。目前企业用于支付账款的资金需要在90天时才能周转回来,在90天内付款,只能通过银行借款解决。如果银行利率为12%,确定公司材料采购款的付款时间和价格。

要求:
1. 计算放弃折扣信用成本率,判断应否享受折扣;
2. 确定公司材料采购款的付款时间和价格。

【答案】
1. (1) 放弃第10天付款折扣的信用成本率为:

$$放弃折扣的信用成本率 = \frac{折扣率}{1-折扣率} \times \frac{360}{信用期-折扣期} = \frac{3\%}{1-3\%} \times \frac{360}{90-10} = 13.92\%$$

(2) 放弃第30天付款折扣的信用成本率为:

$$放弃折扣的信用成本率 = \frac{折扣率}{1-折扣率} \times \frac{360}{信用期-折扣期} = \frac{2.5\%}{1-2.5\%} \times \frac{360}{90-30} = 15.38\%$$

(3) 放弃第50天付款折扣的信用成本率为:

$$放弃折扣的信用成本率 = \frac{折扣率}{1-折扣率} \times \frac{360}{信用期-折扣期} = \frac{1.8\%}{1-1.8\%} \times \frac{360}{90-50} = 16.5\%$$

初步结论:由于各种方案放弃折扣的信用成本率均高于借款利息率,因此是要取得现金折扣,借入银行借款以偿还货款。

2. 选择付款方案:

方案	10天付款方案	30天付款方案	50天付款方案
折扣收益	300(元)	250(元)	180(元)
提前支付货款需支付的借款利息	9 700×(12%/360)×80=258.67(元)	9 750×(12%/360)×60=195(元)	9 820×(12%/360)×40=130.93(元)
净收益	300-258.67=41.33(元)	250-195=55(元)	180-130.93=49.07(元)

结论:第30天付款是最佳方案,其净收益最大。

四、流动负债的利弊

表7-45　　　　　　　　　　流动负债的利弊

优势	容易获得,灵活性强,能够有效地满足季节性信贷需求。另外,短期借款一般比长期借款具有更少的约束性条款
劣势	需要持续的重新谈判或滚动安排负债

第八章 成本管理

考试分析

本章论述了量本利分析、标准成本控制与分析、作业成本管理与责任成本管理等内容。从近 3 年的考试来看,平均分为 12 分左右。本章可考题型既有客观题,也有计算分析题和综合题。

思维导图

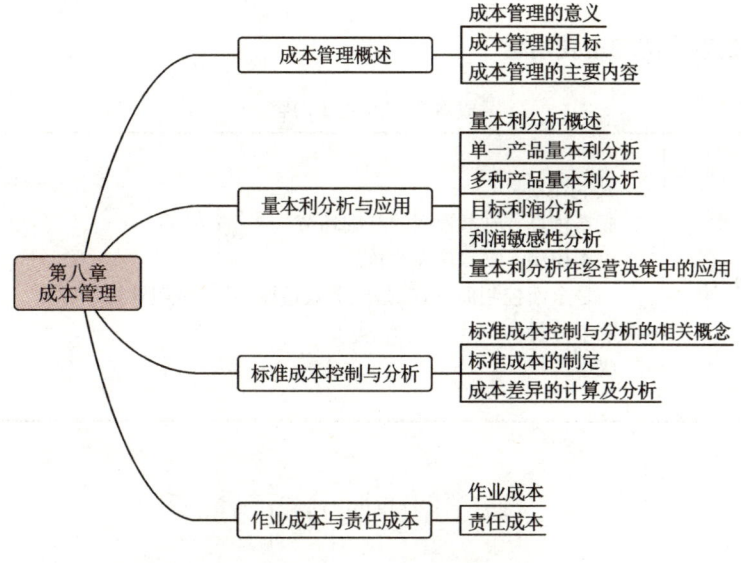

第一节 成本管理概述

一、成本管理的意义

表 8-1　　　　　　　　　　成本管理的意义

意义	① 通过成本管理降低成本,为企业扩大再生产创造条件; ② 通过成本管理增加企业利润,提高企业经济效益; ③ 通过成本管理能帮助企业取得竞争优势,增强企业的竞争能力和抗压能力。

二、成本管理的目标

表 8-2　　成本管理的目标

总体目标	特点	成本管理系统的总体目标主要依据竞争战略而定
	内容	① 成本领先战略：成本管理的总体目标是追求成本水平的绝对降低； ② 差异化战略：成本管理的总体目标则是在保证实现产品、服务等方面差异化的前提下，对产品全生命周期成本进行管理，实现成本的持续降低
具体目标	特点	对总体目标的进一步细分
	内容	① 成本计算的目标：为所有内、外部信息使用者提供成本信息； ② 成本控制的目标：降低成本水平

三、成本管理的主要内容

表 8-3　　成本管理的主要内容

主要内容	① 成本规划 ② 成本核算：成本管理的基础环节 ③ 成本控制：成本管理的核心 　　一是全面控制原则，二是经济效益原则，三是例外管理原则。 ④ 成本分析 ⑤ 成本考核

第二节　量本利分析与应用

一、量本利分析概述

表 8-4　　量本利分析概述

假设	① 总成本由固定成本和变动成本两部分组成 ② 销售收入与业务量呈完全线性关系 ③ 产销平衡 ④ 产品产销结构稳定

基本原理	P：单价 V：单位变动成本 F：固定成本 Q：销售量 $EBIT$：息税前利润 $EBIT=(P-V)Q-F$ 边际贡献 $M=(P-V)Q$ 单位边际贡献 $=\dfrac{M}{Q}=P-V$ 边际贡献率 $=\dfrac{M}{PQ}=\dfrac{P-V}{P}$ 变动成本率 $=\dfrac{VQ}{PQ}=\dfrac{V}{P}$ 边际贡献率＋变动成本率＝1

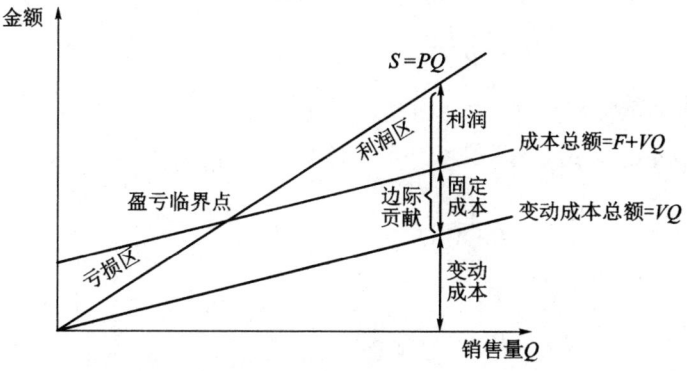

图 8-1　本量利关系图 -1

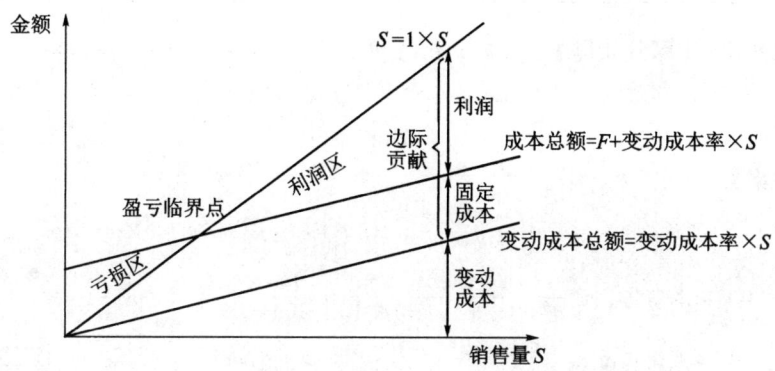

图 8-2　本量利关系图 -2

【例8-1-计算分析题】 某企业生产甲产品,售价为60元/件,单位变动成本24元,固定成本总额100 000元,当年产销量20 000件。试计算单位边际贡献、边际贡献总额、边际贡献率及利润。

【答案】

单位边际贡献=单价-单位变动成本=60-24=36(元)
边际贡献总额=单位边际贡献×产销量=36×20 000=720 000(元)
边际贡献率=36/60×100%=60%
或边际贡献率=720 000/(60×20 000)×100%=60%
利润=720 000-100 000=620 000(元)。

二、单一产品量本利分析

(一)保本分析

表 8-5　　　　　　　　　　　保本分析

$(P-V)Q_0 - F = 0 \qquad Q_0 = \dfrac{F}{P-V}$

盈亏临界点销售量 $= Q_0 = \dfrac{F}{P-V}$

盈亏临界点销售额 $= PQ_0 = \dfrac{PF}{P-V}$

盈亏临界点作业率 $= \dfrac{Q_0}{Q} = \dfrac{F}{(P-V)Q}$

安全边际量 $= Q - Q_0 = Q - \dfrac{F}{P-V}$

安全边际额 $= P(Q-Q_0) = P\left(Q - \dfrac{F}{P-V}\right)$

安全边际率 $= \dfrac{Q-Q_0}{Q} = 1 - \dfrac{F}{(P-V)Q}$

盈亏临界点作业率+安全边际率=1

【例8-2-计算分析题】 某企业销售甲产品,单价为100元/件,单位变动成本为50元,固定成本为130 000元,要求计算甲产品的边际贡献率、保本销售量及保本销售额。

【答案】

边际贡献率 $= \dfrac{单位边际贡献}{单价} \times 100\% = \dfrac{100-50}{100} \times 100\% = 50\%$

保本销售量 $= \dfrac{固定成本}{单价-单位变动成本} = \dfrac{130\ 000}{100-50} = 2\ 600(件)$

保本销售额 $= \dfrac{固定成本}{边际贡献率} = \dfrac{130\ 000}{50\%} = 260\ 000(元)$

或,保本销售额=保本销售量×单价=2 600×100=260 000(元)

【例 8-3 -计算分析题】 沿用上述资料,并假定该企业正常经营条件下的销售量为 5 000 件。要求:计算该企业的保本作业率。
【答案】

保本作业率 = 2 600/5 000×100% = 52%

或,保本作业率 = 260 000/(5 000×100)×100% = 52%

【例题 8-4 -计算分析题】 沿用上述资料,计算甲产品的安全边际及安全边际率。
【答案】

安全边际量 = 实际销售量 − 保本销售量 = 5 000 − 2 600 = 2 400(件)

安全边际额 = 实际销售额 − 保本点销售额
= 5 000×100 − 260 000 = 240 000(元)

安全边际率 = 安全边际量/实际或预计销售量
= 2 400/5 000×100% = 48%

或,安全边际率 = 安全边际额/实际或预计销售额
= 240 000/(5 000×100)×100% = 48%

(二) 保利分析

表 8-6　　　　　　　　　保利分析

$$EBIT_0 = (P-V)Q_0 - F$$

$$Q_0 = \frac{F+EBIT_0}{P-V}$$

$$保利销售量 = Q_0 = \frac{F+EBIT_0}{P-V}$$

$$保利销售额 = PQ_0 = \frac{P(F+EBIT_0)}{P-V}$$

【例 8-5 -计算分析题】 某企业生产和销售单一产品,产品的单价为 50 元,单位变动成本为 25 元,固定成本为 50 000 元,如果将目标利润定为 40 000 元。

要求:计算实现目标利润的销售量和销售额。
【答案】

实现目标利润的销售量 = (50 000 + 40 000)/(50 − 25) = 3 600(件)

实现目标利润的销售额 = (50 000 + 40 000)/50% = 180 000(元)

【例 8-6 -计算分析题】 某企业生产和销售单一产品,产品的单价为 50 元,单位变动成本为 25 元,固定成本为 50 000 元,销量 3 600 件,假定该公司将目标利润定为 58 000 元。

要求:从单个因素来看,影响目标利润的四个基本要素该做怎样的调整?

【答案】
(1) 实现目标利润的销售量
＝(固定成本＋目标利润)/单位边际贡献
＝(50 000＋58 000)/(50－25)＝4 320(件)
(2) 实现目标利润的单位变动成本
＝单价－(固定成本＋目标利润)/销售量
＝50－(50 000＋58 000)/3 600＝20(元)
(3) 实现目标利润的固定成本
＝边际贡献－目标利润
＝(50－25)×3 600－58 000＝32 000(元)
(4) 实现目标利润的单价
＝单位变动成本＋(固定成本＋目标利润)/销售量
＝25＋(50 000＋58 000)/3 600＝55(元)

三、多种产品量本利分析

(一) 加权平均法

表 8-7　　　　　　　　加权平均法

概念	是指在各种产品边际贡献的基础上，以各种产品的预计销售收入占总收入的比重为权数，确定企业加权平均的边际贡献率，进而分析多品种条件下保本点销售额的一种方法
计算	加权平均边际贡献率 $=\dfrac{\sum 各产品边际贡献}{\sum 各产品销售收入}\times 100\%$ $=\sum$(各产品边际贡献率×各产品销售收入占总销售收入比重) 加权平均保本销售额 $=\dfrac{F}{加权平均边际贡献率}$ 某种产品的保本销售额＝加权平均保本销售额×某种产品的销售百分比 某种产品的保本销售量 $=\dfrac{加权平均保本销售额\times 某种产品的销售百分比}{某种产品的销售单价}$

【例 8-7-计算分析题】　某公司生产销售 A、B、C 三种产品，销售单价分别为 20 元、30 元、40 元；预计销售量分别为 30 000 件、20 000 件、10 000 件；预计各产品的单位变动成本分别为 12 元、24 元、28 元；预计固定成本总额为 180 000 元。
要求：按加权平均法进行多种产品的量本利分析。

(1) 加权平均边际贡献率；
(2) 综合保本点销售额；
(3) 各产品保本点。

数据资料表

项目	销售量（件）	单价(元)	单位变动成本(元)	销售收入（元）	各产品的销售比重	边际贡献（元）	边际贡献率
A产品	30 000	20	12	600 000	37.5%	240 000	40%
B产品	20 000	30	24	600 000	37.5%	120 000	20%
C产品	10 000	40	28	400 000	25%	120 000	30%
合计				1 600 000	100%	480 000	30%

【答案】

(1) 综合边际贡献率 = 480 000/1 600 000 = 30%

或：综合边际贡献率
= 40% × 37.5% + 20% × 37.5% + 30% × 25% = 30%

(2) 综合保本销售额 = 180 000/30% = 600 000(元)

(3) A产品保本销售额 = 600 000 × 37.5% = 225 000(元)
B产品保本销售额 = 600 000 × 37.5% = 225 000(元)
C产品保本销售额 = 600 000 × 25% = 150 000(元)

(4) A产品的保本销售量 = 225 000/20 = 11 250(件)
B产品的保本销售量 = 225 000/30 = 7 500(件)
C产品的保本销售量 = 150 000/40 = 3 750(件)

(二) 联合单位法

表8-8　　　　　　　　　　联合单位法

概念	是指在事先确定各种产品间产销实物量比例的基础上，将各种产品产销实物量的最小比例作为一个联合单位，确定每一联合单位的单价、单位变动成本，进行量本利分析的一种分析方法
计算	① 各种产品销量的最小比例作为联合单位 ② 联合单价=一个联合单位的全部收入 　联合单位变动成本=一个联合单位的全部变动成本 ③ 联合保本量=固定成本总额/(联合单价-联合单位变动成本) ④ 某产品保本点=联合保本量×一个联合单位中包含的该产品的数量

【例8-8-计算分析题】 某公司生产销售A、B、C三种产品,销售单价分别为20元、30元、40元;预计销售量分别为30 000件、20 000件、10 000件;预计各产品的单位变动成本分别为12元、24元、28元;预计固定成本总额为180 000元。

要求:按联合单位法进行多种产品的保本点分析。

【答案】

产品销售比＝A∶B∶C＝30 000∶20 000∶10 000＝3∶2∶1
联合单价＝20×3＋30×2＋40×1＝160(元)
联合单位变动成本＝12×3＋24×2＋28×1＝112(元)
联合保本量＝180 000/(160－112)＝3 750(件)

各种产品保本销售量计算：

A产品保本销售量＝3 750×3＝11 250(件)
B产品保本销售量＝3 750×2＝7 500(件)
C产品保本销售量＝3 750×1＝3 750(件)
A产品保本销售额＝11 250×20＝225 000(元)
B产品保本销售额＝7 500×30＝225 000(元)
C产品保本销售额＝3 750×40＝150 000(元)

(三) 分算法

表8-9　　　　　　　　　　分算法

概念	是在一定的条件下,将全部固定成本按一定标准在各种产品之间进行合理分配,确定每种产品应补偿的固定成本数额,然后再对每一种产品按单一品种条件下的情况分别进行量本利分析的方法
计算	① 固定成本分配率＝固定成本总额/各产品的分配标准合计 ② 某产品应分配的固定成本数额＝分配率×某产品的分配标准 ③ 某产品的保本销量＝该产品应分配的固定成本数额/(单价－单位变动成本)

【例8-9-计算分析题】 某公司生产销售A、B、C三种产品,销售单价分别为20元、30元、40元;预计销售量分别为30 000件、20 000件、10 000件;预计各产品的单位变动成本分别为12元、24元、28元;预计固定成本总额为180 000元。

要求:按分算法进行多种产品的量本利分析,假设固定成本按照各种产品的边际贡献比重分配。

【答案】

固定成本分配率＝180 000/480 000＝0.375
分配给A产品的固定成本＝240 000×0.375＝90 000(元)
分配给B产品的固定成本＝120 000×0.375＝45 000(元)
分配给C产品的固定成本＝120 000×0.375＝45 000(元)

A产品的保本量=90 000/(20-12)=11 250(件)
A产品的保本额=11 250×20=225 000(元)
B产品的保本量=45 000/(30-24)=7 500(件)
B产品的保本额=7 500×30=225 000(元)
C产品的保本量=45 000/(40-28)=3 750(件)
C产品的保本额=3 750×40=150 000(元)

(四)顺序法

表 8-10　　　　　　　　　　顺序法

概念	是指按照事先规定的品种顺序,依次用各种产品的边际贡献补偿整个企业的全部固定成本,直至全部由产品的边际贡献补偿完为止,从而完成量本利分析的一种方法。
计算	① 乐观的排列,即按照各种产品的边际贡献率由高到低排列,边际贡献率高的产品先销售、先补偿,边际贡献低的产品后销售、后补偿。 ② 悲观的排列,即假定各品种销售顺序与乐观排列相反。 ③ 按照市场实际销路是否顺畅来确定,但这种顺序的确定缺乏统一的标准,存在一定的主观性。

【例 8-10-计算分析题】　某公司生产销售 A、B、C 三种产品,销售单价分别为 20 元、30 元、40 元;预计销售量分别为 30 000 件、20 000 件、10 000 件;预计各产品的单位变动成本分别为 12 元、24 元、28 元;预计固定成本总额为 180 000 元。

要求:

(1) 按边际贡献率由高到低的顺序计算多种产品的保本点。

根据已知数据资料编制顺序分析表,如下表所示。

顺序分析表(降序)

顺序	品种	边际贡献率	销售收入	累计销售收入	边际贡献	累计边际贡献	固定成本补偿额	累计固定成本补偿额	累计损益
1	A	40%	600 000	600 000	240 000	240 000	180 000	180 000	60 000
2	C	30%	400 000	1 000 000	120 000	360 000	0	180 000	180 000
3	B	20%	600 000	1600 000	120 000	480 000	0	180 000	300 000

由上表可以看出,固定成本全部由 A 产品来补偿,那么企业要想达到保本状态,A 产品的销售额(量)需达到:

保本销售量=180 000/(20-12)=22 500(件)

保本销售额=22 500×20=450 000(元)

当 A 产品销售额达到 450 000 元,即销售 22 500 件时,企业保本。企业的保本状态与 B、C 产品无关。

(2) 按边际贡献率由低到高的顺序计算。根据已知数据资料编制顺序分析表，如下表所示。

顺序分析表(升序)

顺序	品种	边际贡献率	销售收入	累计销售收入	边际贡献	累计边际贡献	固定成本补偿额	累计固定成本补偿额	累计损益
1	B	20%	600 000	600 000	120 000	120 000	120 000	120 000	−60 000
2	C	30%	400 000	1 000 000	120 000	240 000	60 000	180 000	60 000
3	A	40%	600 000	1 600 000	240 000	480 000	0	180 000	300 000

由上表可以看出，固定成本全部由 B、C 两种产品来补偿，那么企业想达到保本状态，B 产品的销售量需达到 20 000 件，此时销售额为 600 000 元。

C 产品的销售额(量)需达到：

保本销售量＝60 000/(40−28)＝5 000(件)
保本销售额＝5 000×40＝200 000(元)

当 B 产品销售额达到 600 000 元，即销售 20 000 件，同时，C 产品销售额达到 200 000 元，即销售 5 000 件时，企业保本。企业的保本状态与 A 产品无关。

(五) 主要产品法

表 8-11　　　　　　　　　　　主要产品法

概念	当企业产品品种较多的情况下，如果存在一种产品是主要产品，它提供的边际贡献占企业边际贡献总额的比重较大，代表了企业产品的主导方向，则可以按该主要品种的有关资料进行量本利分析，视同于单一品种
计算	主要产品法计算方法与单一品种的量本利分析相同

四、利润敏感性分析

表 8-12　　　　　　　　　　　利润敏感性分析

计算	敏感系数＝利润变动百分比/因素变动百分比
分析	① 目标值通常为利润； ② 正号代表目标值与选定变量正向变动，负号代表目标值与选定变量反向变动； ③ 敏感系数绝对值越大，选定变量越敏感，反之越不敏感

【例 8-11·计算分析题】 某企业生产和销售单一产品，计划年度内有关数据预测如下：销售量 100 000 件，单价 30 元，单位变动成本为 20 元，固定成本为 200 000 元。假设销售量、单价、单位变动成本和固定成本分别增长了 10%，要求计算各因素的敏感系数。

【答案】
预计的目标利润 =（30 − 20）× 100 000 − 200 000 = 800 000(元)

(1) 销售量的敏感程度

销售量 = 100 000 ×（1 + 10％）= 110 000(件)

利润 =（30 − 20）× 110 000 − 200 000 = 900 000(元)

利润变动百分比 =（900 000 − 800 000）/800 000 = 12.5％

销售量的敏感系数 = 12.5％/10％ = 1.25

(2) 销售单价的敏感程度

单价 = 30 ×（1 + 10％）= 33(元)

利润 =（33 − 20）× 100 000 − 200 000 = 1 100 000(元)

利润变化的百分比 =（1 100 000 − 800 000）/800 000 = 37.5％

单价的敏感系数 = 37.5％/10％ = 3.75

(3) 单位变动成本的敏感程度

单位变动成本 = 20 ×（1 + 10％）= 22(元)

利润 =（30 − 22）× 100 000 − 200 000 = 600 000(元)

利润变化百分比 =（600 000 − 800 000）/800 000 = − 25％

单位变动成本的敏感系数 = − 25％/10％ = − 2.5

(4) 固定成本的敏感程度

固定成本 = 200 000 ×（1 + 10％）= 220 000(元)

利润 =（30 − 20）× 100 000 − 220 000 = 780 000(元)

利润变化的百分比 =（780 000 − 800 000）/800 000 = − 2.5％

固定成本的敏感系数 = − 2.5％/10％ = − 0.25

这说明固定成本每上升1％，利润将减少0.25％。

五、量本利分析在经营决策中的应用

【例8-12·计算分析题】 某公司在原有生产线使用年限到期之后，面临着更换生产线的选择。可以选择购买与原来一样的生产线，也可以购买一条自动化程度较高的生产线。原有生产线的价格为 150 000 元，而新的生产线的价格为 300 000 元，两种生产线的使用年限均为5年，无残值。两种生产线生产出来的产品型号、质量相同，市场售价50元/件。有关数据如下表所示。

数据资料

项目		原来生产线	新生产线
直接材料		15	15
直接人工		12	10
变动制造费用		10	10
固定制造费用(假设只包括折旧)		30 000	60 000
年销售费用	固定部分	10 000	
	变动部分	5	
年管理费用(假设全部为固定费用)		10 000	

要求：
(1) 计算两种生产线下的保本点销量。
(2) 计算两种生产线利润相同时的销量水平，并判断如何进行决策。

【答案】

计算分析过程

项目	原来生产线	新生产线
单位产品售价	50	50
单位变动成本	15+12+10+5=42	15+10+10+5=40
单位边际贡献	8	10
年固定成本	30 000+10 000+10 000=50 000	60 000+10 000+10 000=80 000
保本点	6 250	8 000

假设年产销量为 X，则两种生产方式下的年利润分别为：

$$原来生产线利润 = 8X - 50\,000$$

$$新生产线利润 = 10X - 80\,000$$

有 $8X - 50\,000 = 10X - 80\,000$，得到 $X = 15\,000$。

当年产销量为 15 000 件时，使用两种生产线的年利润相等；
当年产销量低于 15 000 件时，采用原来的生产线所获得利润较多；
当年产销量高于 15 000 件时，采用新的生产线所获得的利润较多。

【例 8-13 -计算分析题】 沿用上述资料，假设该公司通过对产销量的估计决定采用新的生产线。并对原有产品进行了研发，开发出新产品 A 和新产品 B。原有产品的产销量为 20 000 件。企业面临投产决策，有以下三种方案可供选择：

方案一：投产新产品A,A产品将达到9 000件的产销量,并使原有产品的产销量减少20%;

方案二：投产新产品B,B产品将达到4 000件的产销量,并使原有产品的产销量减少15%;

方案三：A、B两种新产品一起投产,由于相互之间的影响,产销量将分别为10 000件和2 000件,并使原有产品的产销量减少50%。

另外,投产新产品B还需要增加额外的辅助生产设备,这将导致每年的固定成本增加10 000元。其他相关资料如下表所示。

企业成本计算表

项目	原有产品	新产品A	新产品B
年销售量	20 000	9 000	4 000
售价	50	60	75
单位产品变动成本	40	45	50
单位边际贡献	10	15	25
年固定成本	80 000	—	10 000

要求：投产新产品增加的税前利润,并判断应采用哪种方案。

【答案】（1）总额法

只生产原有老产品的利润 = (50 − 40) × 20 000 − 80 000 = 120 000(元)。

方案一	新产品A
年销售量	新产品A 9 000件+老产品销量减少20%
单位产品边际贡献	A单位边际贡献=15
	老单位边际贡献=10
边际贡献总额	9 000 × 15 + 20 000 × (1 − 20%) × 10 = 295 000
固定成本	80 000
税前利润	215 000

方案1：投产新产品增加的税前利润 = 215 000 − 120 000 = 95 000(元)。

方案二	新产品B
年销售量	新产品B 4 000件+老产品销量减少15%
单位产品边际贡献	B单位边际贡献=25
	老单位边际贡献=10

边际贡献总额	$4\,000 \times 25 + 20\,000 \times (1-15\%) \times 10 = 270\,000$
固定成本总额	$80\,000 + 10\,000 = 90\,000$
税前利润	180 000

方案2：投产新产品增加的税前利润 $= 180\,000 - 120\,000 = 60\,000$(元)。

方案三	新产品 A+B
年销售量	新产品 A 10 000 件＋新产品 B 2 000 件＋老产品销量减少 50%
单位产品边际贡献	A 单位边际贡献＝15
	B 单位边际贡献＝25
	老单位边际贡献＝10
边际贡献总额	$10\,000 \times 15 + 2\,000 \times 25 + 20\,000 \times (1-50\%) \times 10 = 300\,000$
固定成本总额	$80\,000 + 10\,000 = 90\,000$
税前利润	210 000

方案3：投产新产品增加的税前利润 $= 210\,000 - 120\,000 = 90\,000$(元)。

(2) 差量分析法

计算分析过程

项目	投产新产品 A	投产新产品 B	投产新产品 A 和 B(视为联合单位，A 和 B 的比为 5∶1)
年销售量	9 000	4 000	2 000
单位产品边际贡献	15	25	100
边际贡献总额	135 000	100 000	200 000
原有产品减产损失	$20\,000 \times 10 \times 20\%$ $= 40\,000$	$20\,000 \times 10 \times 15\%$ $= 30\,000$	$20\,000 \times 10 \times 50\% = 100\,000$
增加的固定成本	0	10 000	10 000
投产新产品增加的税前利润	95 000	60 000	90 000

由上表可知，只投产新产品 A 带来的利润较多，因此，该公司应选择投产 A 产品。

第三节 标准成本控制与分析

一、标准成本控制与分析的相关概念

表 8-13　　　　　　　　　标准成本控制与分析的相关概念

概念	标准成本是指通过调查分析，运用技术测定等方法制定的，在有效经营条件下所能达到的目标成本	
分类	理想标准成本	这是一种理论标准，是指在现有条件下所能达到的最优成本水平，即在生产过程无浪费、机器无故障、人员无闲置、产品无废品等假设条件下制定的成本标准
	正常标准成本	是指在正常情况下，企业经过努力可以达到的成本标准。这一标准考虑了生产过程中不可避免的损失、故障和偏差等
特点	① 正常标准成本大于理想标准成本； ② 理想标准成本要求异常严格，一般很难达到，而正常标准成本具有客观性、现实性和激励性等特点，所以正常标准成本在实践中得到广泛应用	

二、标准成本的制定

单位产品的标准成本＝直接材料标准成本＋直接人工标准成本＋制造费用标准成本
　　　　　　　　＝直接材料标准成本＋直接人工标准成本
　　　　　　　　　＋（变动制造费用标准成本＋固定制造费用标准成本）
　　　　　　　　＝$\sum$（标准数量×标准价格）

表 8-14　　　　　　　　　　　标准成本的制定

	标准数量	标准价格
直接材料	**标准消耗量** 是现有技术条件生产单位产品所需的材料数量，包括必不可少的消耗以及各种难以避免的损失	**标准价格** 包括发票价格、运费、检验和正常损耗等成本，是取得材料的完全成本
直接人工	**标准工时** 是现有技术条件生产单位产品所需的时间，包括直接加工操作必不可少的时间，以及必要的间歇和停工，如工间休息、调整设备时间、不可避免的废品耗用工时等	**标准工资率** 可能是预定的工资率，也可能是正常的工资率

(续表)

	标准数量	标准价格
变动制造费用	标准工时 通常采用单位产品直接人工标准工时、机器工时或其他用量标准	每小时变动制造费用的标准分配率 变动制造费用标准分配率 ＝变动制造费用预算总数/直接人工标准总工时
固定制造费用	标准工时 通常采用单位产品直接人工标准工时、机器工时或其他用量标准。与变动制造费用保持一致，以便进行差异分析	每小时固定制造费用的标准分配率 固定制造费用标准分配率＝固定制造费用预算总数/直接人工标准总工时

三、成本差异的计算及分析

（一）变动成本差异模型

表 8-15　　　　　　变动成本差异模型

直接材料、直接人工、变动制造费用

标准数量×标准价格＝标准数——(1)
实际数量×标准价格＝中间数——(2)
实际数量×实际价格＝实际数——(3)
(2)－(1)：数量差异
(3)－(2)：价格差异

【例 8-14-计算分析题】 本月生产产品 400 件，使用材料 2 500 千克，材料单价为 0.55 元/千克；直接材料的单位产品标准成本为 3 元，即每件产品耗用 6 千克直接材料，每千克材料的标准价格为 0.5 元。

要求：计算直接材料成本差异、价格差异及数量差异。

【答案】

(1) 直接材料成本差异＝实际成本－标准成本＝2 500×0.55－400×6×0.5
＝1 375－1 200＝175(元)

(2) 直接材料价格差异＝2 500×(0.55－0.5)＝125(元)

(3) 直接材料数量差异＝(2 500－400×6)×0.5＝50(元)

直接材料价格差异与数量差异之和，应当等于直接材料成本的总差异。

直接材料成本差异＝价格差异＋数量差异＝125＋50＝175(元)

【例 8-15-计算分析题】 本月生产产品 400 件，实际使用工时 890 小时，支付工资 4 539 元；直接人工的标准成本是 10 元/件，即每件产品标准工时为 2 小时，标准工资率为 5 元/小时。

要求:计算人工成本差异、工资率差异及人工效率差异。

【答案】

(1) 人工成本差异＝实际人工成本－标准人工成本＝4 539－400×10＝539(元)

(2) 工资率差异＝890×(4 539/890－5)＝890×(5.10－5)＝89(元)

(3) 人工效率差异＝(890－400×2)×5＝(890－800)×5＝450(元)

工资率差异与人工效率差异之和,应当等于人工成本总差异。

$$人工成本差异＝工资率差异＋人工效率差异＝89＋450＝539(元)$$

【例8-16-计算分析题】 本月实际产量400件,使用工时890小时,实际发生变动制造费用1 958元;变动制造费用标准成本为4元/件,即每件产品标准工时为2小时,标准的变动制造费用分配率为2元/小时。

要求:计算变动制造费用成本差异、耗费差异及效率差异。

【答案】

(1) 变动制造费用成本差异＝实际变动制造费用－标准变动制造费用＝1 958－400×4＝358(元)

(2) 变动制造费用耗费差异＝890×(1 958/890－2)＝890×(2.2－2)＝178(元)

(3) 变动制造费用效率差异＝(890－400×2)×2＝90×2＝180(元)

耗费差异与效率差异之和,应当等于变动制造费用成本总差异。

$$变动制造费用成本差异＝变动制造费用耗费差异＋变动制造费用效率差异$$
$$＝178＋180＝358(元)$$

1. 直接材料差异原因

表8-16　　　　　　　　直接材料差异原因

项目	原因	责任归属
数量差异	如操作疏忽造成废品和废料增加、操作技术改进而节省材料、新工人上岗造成多用料、机器或工具不适用造成用料增加等	(1) 材料数量差异是在材料耗用过程中形成的,反映生产部门的成本控制业绩。 (2) 有时多用料并非生产部门的责任,如购入材料质量低劣、规格不符也会使用料超过标准;又如工艺变更、检验过严也会使数量差异加大
价格差异	如供应厂家价格变动、未按经济采购批量进货、未能及时订货造成的紧急订货、采购时舍近求远使运费和途耗增加、不必要的快速运输方式、违反合同被罚款、承接紧急订货造成额外采购等	材料价格差异是在采购过程中形成的,不应由耗用材料的生产部门负责,而应由采购部门对其作出说明

2. 直接人工差异原因

表 8-17　　　　　　　　　　直接人工差异原因

项目	原因	责任归属
直接人工效率差异	包括工作环境不良、工人经验不足、劳动者情绪不佳、新工人上岗太多、机器或工具选用不当、设备故障较多、作业计划安排不当、产量太少无法发挥批量节约优势等	直接人工效率差异的形成原因，它主要是生产部门的责任，但这也不是绝对的，例如，材料质量不好也会影响生产效率
工资率差异	包括直接生产工人升级或降级使用、奖励制度未产生实效、工资率调整、加班或使用临时工、出勤率变化等，原因复杂而且难以控制	一般来说，这主要由人力资源部门管控，差异的具体原因会涉及生产部门或其他部门

3. 变动制造费用差异原因

表 8-18　　　　　　　　　　变动制造费用差异原因

项目	原因	责任归属
效率差异	是由于实际工时脱离了标准，多用工时导致的费用增加，因此其形成原因与人工效率差异相同	效率差异的形成原因，它主要是生产部门的责任，但这也不是绝对的
耗费差异	是实际支出与按实际工时和标准费率计算的预算数之间的差额。由于后者承认实际工时是在必要的前提下计算出来的弹性预算数，因此该项差异反应耗费水平即每小时业务量支出的变动制造费用脱离了标准	耗费差异是部门经理的责任，他们有责任将变动制造费用控制在弹性预算限额之内

（二）固定制造费用差异分析

表 8-19　　　　　　　　　　固定制造费用差异分析

二因素分析模型	实际产量标准工时×标准分配率＝标准数　——（1） 生产能量×标准分配率＝预算数　　　　——（2） 实际工时×实际分配率＝实际数　　　　——（3） (2)－(1)：能量差异 (3)－(2)：耗费差异
三因素分析模型	实际产量标准工时×标准分配率＝标准数　——（1） 实际工时×标准分配率＝中间数　　　　——（2） 生产能量×标准分配率＝预算数　　　　——（3） 实际工时×实际分配率＝实际数　　　　——（4） (2)－(1)：效率差异 (3)－(2)：闲置能量差异 (4)－(3)：耗费差异

【例8-17-计算分析题】 本月实际产量400件,发生固定制造成本1 424元,实际工时为890小时;企业生产能量为500件,即1 000小时;每件产品固定制造费用标准成本为3元/件,即每件产品标准工时为2小时,标准分配率为1.50元/小时。

要求:计算固定制造费用成本差异,并分别运用二因素分析法和三因素分析法进行成本差异分析。

【答案】

(1)固定制造费用成本差异=实际固定制造费用−标准固定制造费用=1 424−400×3=224(元)

(2)二因素分析法

　　固定制造费用耗费差异=1 424−1 000×1.5=−76(元)
　　固定制造费用能量差异=1 000×1.5−400×2×1.5=1 500−1 200=300(元)

(3)三因素分析法

　　固定制造费用耗费差异=1 424−1 000×1.5=−76(元)
　　固定制造费用闲置能量差异=(1 000−890)×1.5=110×1.5=165(元)
　　固定制造费用效率差异=(890−400×2)×1.5=90×1.5=135(元)

三因素分析法的闲置能量差异(165元)与效率差异(135元)之和为300元,与二因素分析法中的"能量差异"数额相同。

【总结】

表8-20　　　　　　　　　　　责任归属

直接材料	数量差异	生产部门
	价格差异	采购部门
直接人工	直接人工效率差异	生产部门
	工资率差异	人力资源部门
变动制造费用	效率差异	生产部门
	耗费差异	部门经理(生产部门)
固定制造费用	效率差异	生产部门
	闲置能量差异	管理部门
	耗费差异	部门经理(生产部门)

第四节 作业成本与责任成本

一、作业成本管理

表8-21　　　　　　　　　　作业成本管理

作业成本法是将间接成本和辅助费用更准确地分配到产品和服务的一种成本计算方法

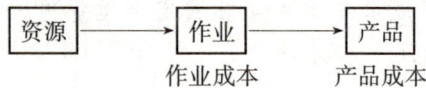

作业消耗资源,产品消耗作业

在作业成本法下,直接成本可以直接计入有关产品,与传统的成本计算方法并无差异,只是直接成本的范围比传统成本计算的要大,凡是易于追溯到产品的材料、人工和其他成本都可以直接归属于特定产品,尽量减少不准确的分配。不能追溯到产品的成本,则先追溯有关作业或分配到有关作业,计算作业成本,然后再将作业成本分配到有关产品

(一) 作业成本法的相关概念

表8-22　　　　　　　　　作业成本法的相关概念

资源	资源是指作业耗费的人工、能源和实物资产(车床和厂房等)
作业	作业是指企业中特定组织(成本中心、部门或产品线)重复执行的任务或活动
成本动因	 成本动因是指作业成本或产品成本的驱动因素 ① 资源成本动因 资源成本动因是引起作业成本增加的驱动因素,用来衡量一项作业的消耗量。依据资源成本动因可以将资源成本分配给各有关作业 例如:"检验作业成本库"是由于消耗检验人员工资、专用设备折旧费等形成,即作业耗费资源,"检验作业成本库"按照"资源成本动因"去分配"检验人员工资、专用设备折旧费等资源"形成,"资源成本动因"可能为人工或机器工时 ② 作业成本动因 作业成本动因是衡量一个成本对象(产品、服务或顾客)需要的作业量,是产品成本增加的驱动因素。作业成本动因计量各成本对象耗用作业的情况,并被用来作为作业成本的分配基础 例如:"某种产品成本"需分担的检验作业成本,即产品(服务或顾客)消耗作业,"某种产品成本"按照"作业成本动因"去分配"检验作业成本"形成。如果每一批次质量检验所发生的成本相同,则"作业成本动因"为产品完成的批次(或检验次数)

(二)作业成本法 VS 传统成本法

表 8-23　　　　　　　　作业成本法 VS 传统成本法

相同点	作业成本法与传统成本法下,直接材料成本与直接人工成本都可以直接归集到成本对象
不同点	两者的区别集中在对间接费用的分配上,主要是制造费用的分配。 传统成本法下,制造费用以直接人工工时或机器工时为分配依据,会低估生产量小而技术复杂程度高的产品的成本,高估生产量大而技术复杂程度低的产品成本。 作业成本法下,制造费用按照成本动因直接分配,避免了传统成本计算法下的成本扭曲

(三)作业成本法的成本计算

1. 成本计算分为两个阶段

表 8-24　　　　　　　　成本计算分为两个阶段

作业消耗资源,产品消耗作业
第一阶段:将资源分配至作业
第二阶段:将作业分配至产品
传统成本法下,间接成本的分配路径:资源→部门→产品
作业成本法下,间接成本的分配路径:资源→作业→产品

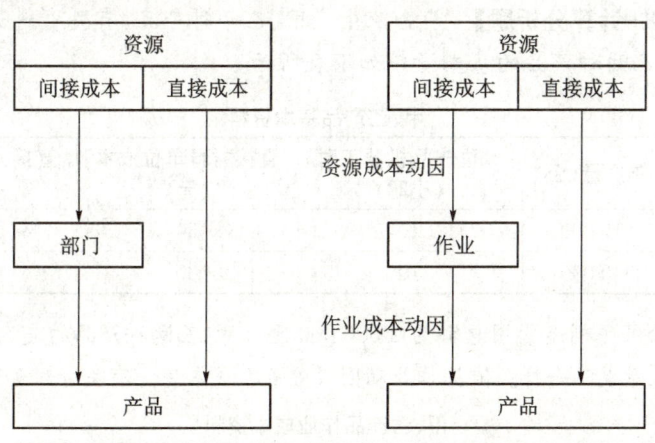

图 8-3

2. 成本计算的具体步骤

表 8-25　　　　　　　　成本计算的具体步骤

① 计算作业成本分配率
　作业成本分配率＝待分配的作业成本/各产品耗用的作业动因合计数
② 计算各产品应分配的作业成本
　某产品耗用的作业成本＝∑(该产品耗用的作业动因量×作业成本分配率)
③ 计算各产品的总成本
　某产品当期发生成本＝当期投入该产品的直接成本＋当期耗用的各项作业成本
　其中:直接成本＝直接材料成本＋直接人工成本

(续表)

实际作业成本分配率	计算	实际作业成本分配率＝当期实际发生的作业成本/各产品实际耗用的作业动因合计数
	优点	以此计算的成本是实际成本，因而无须分配实际成本与预算成本的差异
	缺点	① 作业成本资料只能在会计期末才能得到，因而不能随时提供进行决策的有关成本信息； ② 不同会计期间作业成本不同，作业需求量不同，因而造成分配率的波动，进而影响产品成本忽高忽低； ③ 容易忽视作业需求变动对成本的影响，不利于划清造成成本高低的责任归属。
预算作业成本分配率	计算	预算或正常作业成本分配率＝预计作业成本/预计(正常)作业动因合计数
	优点	① 便于随时提供决策所需的成本信息； ② 可以避免因作业成本变动和作业需求不足而引起的产品成本波动； ③ 有利于及时查清成本升高的原因
	缺点	需分配实际成本与预算成本的差异

【例 8-18-计算分析题】 某企业生产甲、乙两种产品，有关资料如下：

(1) 甲、乙两种产品的基本资料如下表所示。

甲、乙产品基本资料

产品名称	年产量(台)	单位产品机器工时(小时)	直接材料单位成本(元)	直接人工单位成本(元)
甲	10 000	10	50	20
乙	40 000	10	30	20

(2) 企业每年制造费用总额为 2 000 000 元。甲、乙两种产品的复杂程度不一样，所耗用的作业量也不一样。依据作业动因设置五个成本库。有关资料如下表所示。

甲、乙产品作业成本资料

作业名称	成本动因	作业成本	作业动因数		
			甲产品	乙产品	合计
机器调整	调整次数	600 000	3 000	2 000	5 000
质量检验	检验次数	480 000	4 000	4 000	8 000
生产订单	订单份数	120 000	200	400	600
机器维修	维修次数	600 000	400	600	1 000
材料验收	验收次数	200 000	100	300	400
合计		2 000 000			

要求：分别用作业成本计算法与传统成本计算法计算上述两种产品的单位成本。

【答案】

（1）作业成本法。

首先，用作业成本法计算各项作业的成本动因分配率，计算结果如下表所示。

作业成本动因分配率

作业名称	成本动因	作业成本	作业动因数			分配率
			甲产品	乙产品	合计	
机器调整	调整次数	600 000	3 000	2 000	5 000	120
质量检验	检验次数	480 000	4 000	4 000	8 000	60
生产订单	订单份数	120 000	200	400	600	200
机器维修	维修次数	600 000	400	600	1 000	600
材料验收	验收次数	200 000	100	300	400	500
合计		2 000 000				

其次，计算作业成计算法下两种产品的制造费用。计算结果如下表所示。

按作业成本法计算的制造费用

作业名称	作业成本	作业动因数		分配率	分配的制造费用	
		甲产品	乙产品		甲产品	乙产品
机器调整	600 000	3 000	2 000	120	360 000	240 000
质量检验	480 000	4 000	4 000	60	240 000	240 000
生产订单	120 000	200	400	200	40 000	80 000
机器维修	600 000	400	600	600	240 000	360 000
材料验收	200 000	100	300	500	50 000	150 000
合计	2 000 000				930 000	1 070 000

（2）传统成本法。

甲、乙两种产品的机器工时分别为100 000小时（10 000×10）和400 000小时（40 000×10），制造费用总额为2 000 000元。

制造费用分配率＝2 000 000÷（100 000＋400 000）＝4（元/小时）
甲产品制造费用＝100 000×4＝400 000（元）
乙产品制造费用＝400 000×4＝1 600 000（元）

最后，比较两种成本计算法下制造费用分配的结果，如下表所示。

两种计算法下制造费用对照表

项目	甲产品(产量 10 000 台)				乙产品(产量 40 000 台)			
	总成本		单位成本		总成本		单位成本	
	传统	作业	传统	作业	传统	作业	传统	作业
直接材料	500 000	500 000	50	50	1 200 000	1 200 000	30	30
直接人工	200 000	200 000	20	20	800 000	800 000	20	20
制造费用	400 000	930 000	40	93	1 600 000	1 070 000	40	26.75
合计	1 100 000	1 630 000	110	163	3 600 000	3 070 000	90	76.75

(四) 作业成本管理

表 8-26　　　　　　　　　　作业成本管理

概念	作业成本管理是以提高客户价值、增加企业利润为目的,基于作业成本法的新型集中化管理方法
内容	① 成本分配观; ② 流程观 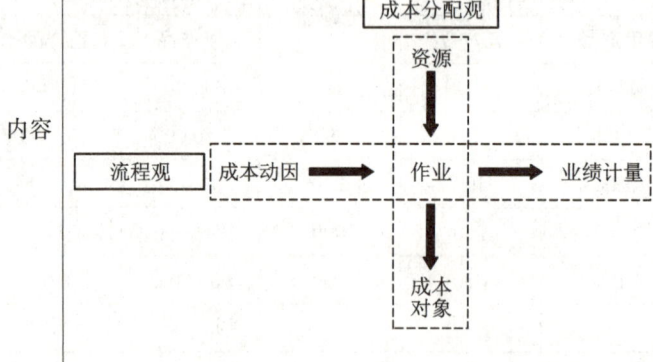

表 8-27　　　　　　　　　　流程观

流程观	概念	流程价值分析关心的是作业的责任,包括成本动因分析、作业分析和业绩考核三个部分
	成本动因分析	要进行作业成本管理,必须找出导致作业成本发生的原因

流程观	作业分析	增值作业 VS 非增值作业	① 增值作业是那些顾客认为可以增加其购买的产品或服务的有用性,有必要保留在企业中的作业。一项作业必须同时满足下列三个条件才可断定为增值作业:第一,该作业导致了状态的改变;第二,该状态的变化不能由其他作业来完成;第三,该作业使其他作业得以进行; ② 非增值作业是指即便消除也不会影响产品对顾客服务的潜能,不必要的或可消除的作业。如果一项作业不能同时满足增值作业的三个条件,就可断定其为非增值作业
		节约途径	① 作业消除 消除非增值作业或不必要的作业,降低非增值成本。 ② 作业选择 对所有能够达到同样目的的不同作业,选取其中最佳的方案。 ③ 作业减少 以不断改进的方式降低作业消耗的资源或时间。 ④ 作业共享利用规模经济来提高增值作业的效率
	作业业绩考核		① 财务指标 主要集中在增值成本和非增值成本上,可以提供增值与非增值报告,以及作业成本趋势报告 ② 非财务指标 主要体现在效率、质量和时间三个方面,如投入产出比、次品率和生产周期等

二、责任成本管理

(一)责任成本管理的含义

表 8-28　　　　　　　　　责任成本管理的含义

概念	责任成本管理,是指将企业内部划分成不同的责任中心,明确责任成本,并根据各责任中心的权、责、利关系,来考核其工作业绩的一种成本管理模式
分类	① 成本中心; ② 利润中心; ③ 投资中心

（二）责任中心及其考核

1. 成本中心

表 8-29　成本中心

概念	成本中心是指有权发生并控制成本的单位。成本中心一般不会产生收入，通常只计量考核发生的成本。成本中心是责任中心中应用最为广泛的一种形式，只要是对成本的发生负有责任的单位或个人都可以成为成本中心
特点	① 成本中心不考核收益，只考核成本； ② 成本中心只对可控成本负责，不负责不可控成本； ③ 责任成本是成本中心考核和控制的主要内容。成本中心当期发生的所有可控成本之和就是其责任成本。
可控成本	① 该成本的发生是成本中心可以预见的； ② 该成本是成本中心可以计量的； ③ 该成本是成本中心可以调节和控制的 凡不符合上述三个条件的成本都是不可控成本
考核指标	预算成本节约额 = 实际产量预算责任成本 － 实际责任成本 预算成本节约率 = 预算成本节约额 / 实际产量预算责任成本 × 100%

【例 8-19 - 计算分析题】 某企业内部某车间为成本中心，生产甲产品，预算产量 3 500 件，单位成本 150 元，实际产量 4 000 件，单位成本 145.5 元，该成本中心的考核指标计算为：

【答案】

预算成本节约额 = 150 × 4 000 － 145.5 × 4 000 = 18 000(元)

预算成本节约率 = 18 000/(150 × 4 000) × 100% = 3%

结果表明，该成本中心的成本节约额为 18 000 元，节约率为 3%。

2. 利润中心

表 8-30　利润中心

概念	利润中心是指既能控制成本，又能控制收入和利润的责任单位。它不但有成本发生，而且还有收入发生
特点	利润中心与成本中心相比，其权利和责任都相对较大，它不仅要降低绝对成本，还要寻求收入的增长使之超过成本的增大，即更要强调相对成本的降低
分类	① 自然利润中心 它是自然形成的，直接对外提供劳务或销售产品以取得收入的责任中心 ② 人为利润中心 它是人为设定的，通过企业内部各责任中心之间使用内部结算价格结算半成品内部销售收入的责任中心

(续表)

考核指标	边际贡献	计算	边际贡献＝销售收入－变动成本
		特点	反映了该利润中心的盈利能力，但它对业绩评价没有太大的作用
	可控边际贡献（部门经理边际贡献）	计算	可控边际贡献＝边际贡献－可控固定成本
		特点	是评价利润中心管理者业绩的理想指标
	部门边际贡献（部门毛利）	计算	部门边际贡献＝可控边际贡献－不可控固定成本
		特点	反映了部门为企业利润和弥补与生产能力有关的成本所作的贡献，它更多的用于评价部门业绩而不是利润中心管理者的业绩

【例8-20-计算分析题】 某企业内部乙车间是人为利润中心，本期实现内部销售收入200万元，销售变动成本为120万元，该中心负责人可控固定成本为20万元，不可控但应由该中心负担的固定成本10万元。那么该利润中心的考核指标计算为：

【答案】

边际贡献＝200－120＝80（万元）
可控边际贡献＝80－20＝60（万元）
部门边际贡献＝60－10＝50（万元）

3. 投资中心

表8-31　　　　　　　　　　　投资中心

概念	投资中心是指既能控制成本、收入和利润，又能对投入的资金进行控制的责任中心。其经理所拥有的自主权不仅包括制定价格、确定产品和生产方法等短期经营决策权，而且还包括投资规模和投资类型等投资决策权		
特点	投资中心是最高层次的责任中心，它拥有最大的决策权，也承担最大的责任		
考核指标	投资报酬率	计算	投资报酬率＝息税前利润/平均经营资产 平均经营资产＝（期初经营资产＋期末经营资产）/2
		优点	① 能够反映投资中心的综合获利能力，并具有横向可比性（相对数指标，可用于部门之间以及不同行业之间的比较）； ② 不仅可以促使经理人员关注营业资产运用效率，并有利于资产存量的调整，优化资源配置
		缺点	① 引起短期行为的产生； ② 追求局部利润最大化而损害整体利益最大化目标

(续表)

考核指标	剩余收益	计算	剩余收益＝息税前利润－（平均经营资产×最低投资报酬率） 息税前利润＝平均经营资产×投资报酬率 剩余收益＝平均经营资产×（投资报酬率－最低投资报酬率）
		优点	剩余收益指标弥补了投资报酬率指标会使局部利益与整体利益相冲突的不足。
		缺点	① 于其是一个绝对指标，故而难以在不同规模的投资中心之间进行业绩比较； ② 剩余收益同样仅反映当期业绩，单纯使用这一指标也会导致投资中心管理者的短期行为

【例8-21-计算分析题】 某公司的投资报酬率如下表所示：

投资中心	利润	投资额	投资报酬率
A	280	2 000	14%
B	80	1 000	8%
全公司	360	3 000	12%

假定A投资中心面临一个投资额为1 000万元的投资机会，可获利润131万元，投资报酬率为13.1%，假定公司整体的预期最低投资报酬率为12%。

要求：若A投资中心接受该投资后，计算A、B投资中心和总公司的投资报酬率和剩余收益。

【答案】

投资中心	利润	投资额	投资报酬率
A	280＋131＝411	2 000＋1 000＝3 000	13.7%
B	80	1 000	8%
全公司	491	4 000	12.275%

用投资报酬率指标衡量业绩。就全公司而言，接受投资后，投资报酬率增加了0.275%，应接受这项投资。然而，由于A投资中心的投资报酬率下降了0.3%，该投资中心可能不会接受这一投资。

追加投资前：

投资中心	利润	投资额	剩余收益
A	280	2 000	280－2 000×12%＝40
B	80	1 000	80－1 000×12%＝－40
全公司	360	3 000	360－3 000×12%＝0

追加投资后：

投资中心	利润	投资额	剩余收益
A	280+131=411	2 000+1 000=3 000	411-3 000×12%=51
B	80	1 000	80-1 000×12%=-40
全公司	491	4 000	491-4 000×12%=11

用剩余收益指标来衡量投资中心的业绩，投资后剩余收益增加了11(51-40)万元，则A投资中心应该接受这项投资。

（三）内部转移价格的制定

表8-32　　　　　　　　　　内部转移价格的制定

市场价格	制定依据	以产品或劳务的现行市场价格作为计价基础
	特点	市场价格具有客观真实的特点，能够同时满足分部和公司的整体利益
	适用范围	要求产品或劳务有完全竞争的外部市场，以取得市价依据
协商价格	制定依据	内部责任中心之间以正常的市场价格为基础，通过定期共同协商确定价格
	特点	协商价格的上限是市场价格，下限则是单位变动成本。当双方协商僵持时，会导致公司高层的行政干预
	适用范围	该中间产品存在非完全竞争的外部市场，在该市场内双方有权决定是否买卖这种产品
双重价格	制定依据	是由内部责任中心的交易双方采用不同的内部转移价格作为计价基础
	特点	买卖双方可以选择不同的市场价格或协商价格，能够较好地满足企业内部交易双方在不同方面的管理需要
	适用范围	—
以成本为基础的转移定价	制定依据	以产品或劳务某种形式的成本为基础而制定价格
	特点	可以选用的成本形式包括：完全成本、完全成本加成、变动成本以及变动成本加固定制造费用 以成本为基础的转移定价方法具有简便、客观的特点，但存在信息和激励方面的问题
	适用范围	适用于内部转移的产品或劳务没有市价的情况

第九章 收入与分配管理

考试分析

本章可考题型既有客观题,也有计算题甚至综合题,近3年的分数平均为10分。

思维导图

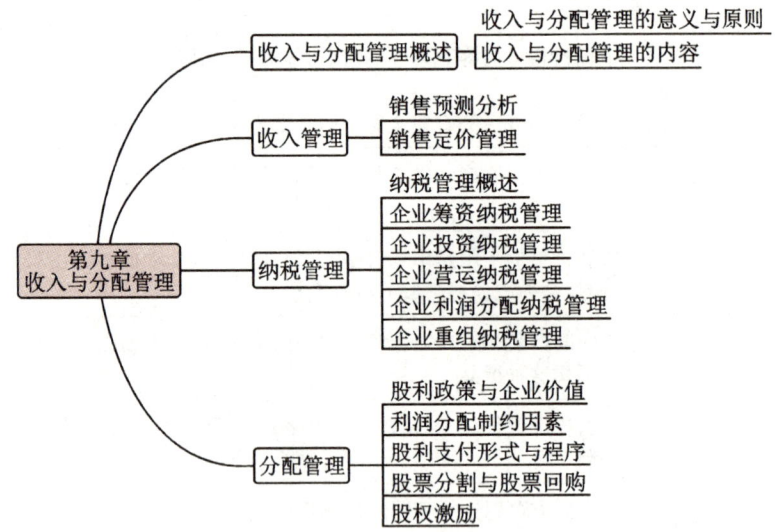

第一节 收入与分配管理的主要内容

一、收入与分配管理的意义与原则

表9-1　　　　　　收入与分配管理的意义与原则

意义	① 收入与分配管理集中体现了企业所有者、经营者与劳动者之间的利益关系 ② 收入与分配管理是企业再生产的条件以及优化资本结构的重要措施 ③ 收入与分配管理是国家建设资金的重要来源之一

(续表)

原则	① 依法分配原则 ② 分配与积累并重原则 ③ 兼顾各方利益原则 ④ 投资与收入对等原则

二、收入与分配管理的内容

表 9-2　　　　　　　　　收入与分配管理的内容

收入管理	① 销售预测分析 ② 销售定价管理
纳税管理	① 企业筹资纳税管理 ② 企业投资纳税管理 ③ 企业营运纳税管理 ④ 企业利润分配纳税管理 ⑤ 企业重组纳税管理
分配管理	① 弥补以前年度亏损 ② 提取法定公积金 ③ 提取任意公积金 ④ 向股东(投资者)分配股利(利润)

第二节　收入管理

一、销售预测分析

(一)销售预测的定性分析法

1. 营销员判断法(意见汇集法)

表 9-3　　　　　　　　　营销员判断法(意见汇集法)

概念	是由企业熟悉市场情况及相关变化信息的经营管理人员对由推销人员调查得来的结果进行综合分析,从而得出较为正确预测的方法
优点	用时短、耗费少、比较实用
缺点	单纯依靠营销人员的主观判断,有较多的主观因素和较大的片面性

2. 专家判断法

表9-4　　　　　　　　　　　专家判断法

个别专家意见汇集法	即分别向每位专家征求对本企业产品未来销售情况的个人意见,然后将这些意见再加以综合分析,确定预测值
专家小组法	即将专家分成小组,运用专家们的集体智慧进行判断预测的方法。此方法的缺陷是预测小组中专家意见可能受权威专家的影响,客观性较德尔菲法差
德菲尔法（函询调查法）	它采用函询的方式,征求各方面专家的意见,各专家在互不通气的情况下,根据自己的观点和方法进行预测,然后由企业把各个专家的意见汇集在一起,通过不记名方式反馈给各位专家,请他们参考别人的意见修正本人原来的判断,如此反复数次,最终确定预测结果

3. 产品寿命周期分析法

表9-5　　　　　　　　　产品寿命周期分析法

概念	产品寿命周期分析法就是利用产品销售量在不同寿命周期阶段上的变化趋势,进行销售预测的一种定性分析方法。产品寿命周期是指产品从投入市场到退出市场所经历的时间,一般要经过推广期、成长期、成熟期和衰退期四个阶段

（二）销售预测的定量分析法

1. 趋势预测分析法

表9-6　　　　　　　　　　趋势预测分析法

算术平均法	计算	$Y = \dfrac{\sum x_i}{n}$
	适用范围	适用于每期销量波动不大的产品的销售预测
加权平均法	计算	$Y = \sum_{i=1}^{n} w_i x_i$
	特点	权数的选取应遵循"近大远小"的原则
移动平均法	计算	移动平均值 $Y_{n+1} = \dfrac{X_{n-(m-1)} + X_{n-(m-2)} + \cdots + X_{n-1} + X_n}{m}$ 修正移动平均值 $\overline{Y}_{n+1} = Y_{n+1} + (Y_{n+1} - Y_n)$ ＝本期移动预测值＋（本期移动预测值－上期移动预测值）
	特点	只选用了 n 期数据中 m 期数据进行预测,代表性差
指数平滑法	概念	指数平滑法实质上是一种加权平均法,是以事先确定的平滑指数 a 及 $(1-a)$ 作为权数进行加权计算,预测销售量的一种方法
	计算	$Y_{n+1} = aX_n + (1-a)Y_n$ ＝a×前期实际值＋$(1-a)$×前期预测值

(续表)

指数平滑法	a 取值	一般地,平滑指数的取值通常在 0.3~0.7 之间。 ① 采用较大的平滑指数,预测值可以反映样本值新近的变化趋势。(在销售量波动较大或进行短期预测时用) ② 采用较小的平滑指数,预测值可以反映样本值长期的变化趋势。(在销售量波动较小或进行长期预测时用)
	特点	该方法运用比较灵活,适用范围较广,但在平滑指数的选择上具有一定的主观随意性。

【例 9-1-计算分析题】 某公司 2005—2012 年的产品销售量资料如下:

年度	2005	2006	2007	2008	2009	2010	2011	2012
销售量(吨)	3 250	3 300	3 150	3 350	3 450	3 500	3 400	3 600

要求:根据以上资料,用算术平均法预测公司 2013 年的销售量。

【答案】

根据算术平均法的计算公式,公司 2013 年的预测销售量为:

$$预测销售量(Y) = \frac{\sum x_i}{n}$$

$$= \frac{3\,250 + 3\,300 + \cdots + 3\,400 + 3\,600}{8}$$

$$= 3\,375(吨)$$

【例 9-2-计算分析题】 根据上述资料,用加权平均法预测公司 2013 年的销售量。

【答案】

$$预测销售量(Y) = \sum_{i=1}^{n} w_i x_i$$

$$= 3\,250 \times 0.04 + 3\,300 \times 0.06 + \cdots + 3\,400 \times 0.18 + 3\,600 \times 0.22$$

$$= 3\,429(吨)$$

【例 9-3-计算分析题】 根据上述资料,假定公司预测前期(即 2012 年)的预测销售量为 3 475 吨,要求分别用移动平均法和修正的移动平均法预测公司 2013 的销售量(假设样本期为 3 期)。

① 根据移动平均法的计算公式,公司 2013 年的预测销售量为:

$$预测销售量:(Y_{n+1}) = \frac{X_{n-(m-1)} + X_{n-(m-2)} + \cdots + X_{n-1} + X_n}{m}$$

$$= \frac{3\,500 + 3\,400 + 3\,600}{3} = 3\,500(吨)$$

② 根据修正的移动平均法计算公式,公司 2013 年的预测销售量为:

$$\text{修正后的预测销售量} \overline{Y}_{n+1} = Y_{n+1} + (Y_{n+1} - Y_n)$$
$$= 3\,500 + (3\,500 - 3\,475)$$
$$= 3\,525(\text{吨})$$

【例 9-4-计算分析题】 根据上述资料,2012 年实际销售量为 3 600 吨,假设原预测销售量为 3 475 吨,平滑指数=0.5。要求用指数平滑法预测公司 2013 年的销售量。

【答案】
根据指数平滑法的计算公式,公司 2013 年的预测销售量为:

$$\text{预测销售量}(Y_{n+1}) = aX_n + (1-a)Y_n$$
$$= 0.5 \times 3\,600 + (1-0.5) \times 3\,475$$
$$= 3\,537.5(\text{吨})$$

2. 因果预测分析法

表 9-7　　　　　　　　　　　因果预测分析法

概念	因果预测分析法是指通过影响产品销售量(因变量)的相关因素(自变量)以及它们之间的函数关系,并利用这种函数关系进行产品销售预测的方法 因果预测关系法最常用的是回归分析法
回归分析法	预测公式:$Y = a + bx$ 其常数项 a、b 的计算公式为: $$b = \frac{n\sum xy - \sum x \sum y}{n\sum x^2 - (\sum x)^2} \quad a = \frac{\sum y - b\sum x}{n}$$

【例 9-5-计算分析题】 根据上述资料,假定产品销售量只受广告费支出大小的影响,2013 年度预计广告费支出为 155 万元,以往年度的广告费支出资料如下表所示:

年度	2005	2006	2007	2008	2009	2010	2011	2012
销售量(吨)	3 250	3 300	3 150	3 350	3 450	3 500	3 400	3 600
广告费(万元)	100	105	90	125	135	140	140	150

要求:用回归直线法预测公司 2013 年的产品销售量。

【答案】

根据上述资料,列表计算如下表所示:

年度	广告费支出（万元）	销售量 y（吨）	xy	x^2	y^2
2005	100	3 250	325 000	10 000	10 562 500
2006	105	3 300	346 500	11 025	10 890 000
2007	90	3 150	283 500	8 100	9 922 500
2008	125	3 350	418 750	15 625	11 222 500
2009	135	3 450	465 750	18 225	11 902 500
2010	140	3 500	490 000	19 600	12 250 000
2011	140	3 400	476 000	19 600	11 560 000
2012	150	3 600	540 000	22 500	12 960 000
$n=8$	$\sum x=985$	$\sum y=27\,000$	$\sum xy=3\,345\,500$	$\sum x^2=124\,675$	$\sum y^2=91\,270\,000$

$$b=\frac{n\sum xy-\sum x\sum y}{n\sum x^2-(\sum x)^2}=\frac{9\times 3\,345\,500-985\times 27\,000}{8\times 124\,675-985^2}=6.22$$

$$a=\frac{\sum y-b\sum x}{n}=\frac{27\,000-6.22\times 985}{8}=2\,609.16$$

将 a、b 带入公式,得出结果,即 2013 年的产品预测销量为:

$$y=a+bx=2\,609.16+6.22x=2\,609.16+6.22\times 155=3\,573.26(吨)$$

二、销售定价管理

（一）销售定价管理的含义

表 9-8　　　　　　　　　　销售定价管理的含义

概念	在调查分析的基础上,选用合适的产品定价方法,为销售的产品制定最为恰当的售价,并根据具体情况运用不同价格策略以实现经济效益最大化的过程

（二）影响产品价格的因素

表 9-9　　　　　　　　　　影响产品价格的因素

价值因素	价值的大小决定着价格的高低,而价值量的大小又是由生产产品的社会必要劳动时间决定的
成本因素	成本是影响定价的基本因素。从长期来看,产品价格应等于总成本加上合理的利润

(续表)

市场供求因素	一种产品的市场供应大于需求时,就会对其价格产生向下的压力;而当其供应小于需求时,则会推动价格的提升
竞争因素	在完全竞争的市场上,企业几乎没有定价的主动权;在不完全竞争的市场上,竞争的强度主要取决于产品生产的难易和供求形势
政策法规因素	制定定价策略时要很好地了解本国及所在国有关方面的政策和法规

(三) 企业的定价目标

表 9-10　　　　　　　　　企业的定价目标

实现利润最大化	① 特征:通常通过制定一个较高的产品价格,提高产品单位利润率,最终实现企业利润最大化 ② 适用情况:适用于在市场中处于领先或垄断地位的企业,或者在行业竞争中具有很强的竞争优势,并能长时间保持这种优势的企业
保持或提高市场占有率	① 特征:注重企业长期经营利润,产品价格往往需要低于同类产品价格 ② 适用情况:企业具有潜在的生产经营能力,总成本的增长速度低于总销量的增长速度,商品的需求价格弹性较大,即适用于能够薄利多销的企业
稳定价格	① 特征:由行业中的领导企业制定一个价格,其他企业的价格则与之保持一定的比例关系 ② 优点:创造了一个相对稳定的市场环境,避免过度竞争产生两败伤的负面效应,减少风险,使企业能够以稳定的价格获得比较稳定的利润 ③ 适用情况:通常适用于产品标准化的行业,如钢铁制造业等
应付和避免竞争	① 特征:参照对市场有决定性影响的竞争对手的产品价格变动情况,随时调整本企业产品价格 ② 适用情况:适用于中小型企业
树立企业形象及产品品牌	以树立企业形象及产品品牌为定价目标,树立优质高价形象,产生一种品牌的增值效应,树立大众化评价形象

(四) 产品定价方法

1. 以成本为基础的定价方法

表 9-11　　　　　　　　以成本为基础的定价方法

变动成本	在特定的业务量范围内,其总额会随业务量的变动而变动的成本。可以作为增量产量的定价依据,但不能作为一般产品的定价依据
制造成本	企业为生产产品或提供劳务等发生的直接费用支出,一般包括直接材料、直接人工和制造费用
全部成本费用	企业为生产、销售一定种类和数量的产品所发生的所有成本和费用总额,包括制造成本和管理费用、销售费用及财务费用等各种期间费用

(1) 全部成本费用加成定价法。

表 9-12　　　　　　　　全部成本费用加成定价法

概念	在全部成本费用的基础上,加合理利润来定价。合理利润的确定,在工业企业一般是根据成本利润率,而在商业企业一般是根据销售利润率
计算公式	① 成本利润率定价： $$成本利润率 = \frac{预测利润总额}{预测成本总额} \times 100\%$$ $$单位产品价格 = \frac{单位成本 \times (1 + 成本利润率)}{1 - 适用税率}$$ ② 销售利润率定价： $$销售利润率 = \frac{预测利润总额}{预测销售总额} \times 100\%$$ $$单位产品价格 = \frac{单位成本}{1 - 销售利润率 - 适用税率}$$
优点	可以保证全部生产耗费得到补偿。
缺点	① 很难适应市场需求的变化,往往导致定价过高或过低 ② 当企业生产多种产品时,间接费用难以准确分摊,从而会导致定价不准确

【例 9-6-计算分析题】　某企业生产甲产品,预计单位产品的制造成本为 100 元,计划销售 10 000 件,计划期的期间费用总额为 900 000 元,该产品适用的消费税税率为 5%,成本利润率必须达到 20%,根据上述资料,运用全部成本费用加成定价法测算的单位甲产品的价格应为：

【答案】

$$单位甲产品价格 = \frac{(100 + 900\,000/10\,000) \times (1 + 20\%)}{1 - 5\%} = 240(元)$$

(2) 保本点定价法。

表 9-13　　　　　　　　保本点定价法

概念	按照刚好能够保本的原理来制定产品销售价格,即能够保持既不盈利也不亏损的销售价格水平。采用这一方法确定的价格是最低销售价格
计算公式	$$单位产品价格 = \frac{单位固定成本 + 单位变动成本}{1 - 适用税率} = \frac{单位完全成本}{1 - 适用税率}$$

【例 9-7-计算分析题】　某企业生产乙产品,本期计划销售量为 10 000 件,应负担的固定成本总额为 250 000 元,单位产品变动成本为 70 元,适用的消费税税率为 5%,根据上述资料,运用保本点定价法测算的单位乙产品的价格应为：

【答案】

$$单位乙产品价格 = \frac{70 + 250\,000/10\,000}{1 - 5\%} = 100(元)$$

(3) 目标利润法

表 9-14　　　　　　　　　　目标利润法

概念	根据预期目标利润和产品销售量、产品成本、适用税率等因素来确定产品销售价格的方法
计算公式	$单位产品价格 = \dfrac{目标利润总额 + 完全成本总额}{产品销量 \times (1 - 适用税率)}$ 或 $= \dfrac{单位目标利润 + 单位完全成本}{1 - 适用税率}$

【例 9-8-计算分析题】　某企业生产丙产品,本期计划销售量为 10 000 件,目标利润总额为 240 000 元,完全成本总额为 520 000 元,适用的消费税税率为 5%,根据上述资料,运用目标利润法测算的单位丙产品的价格应为:

【答案】

单位丙产品价格 = (240 000 + 520 000)/[10 000 × (1 - 5%)] = 80(元)

(4) 变动成本定价法

表 9-15　　　　　　　　　　变动成本定价法

概念	企业在生产能力有剩余的情况下增加生产一定数量的产品,这些增加的产品可以不负担企业的固定成本,只负担变动成本(包括变动期间费用),在确定价格时产品成本仅以变动成本计算
计算公式	$单位产品价格 = \dfrac{单位变动成本 \times (1 + 成本利润率)}{1 - 适用税率}$

【例 9-9-计算分析题】　某企业生产丁产品,设计生产能力为 12 000 件,计划生产 10 000 件,预计单位产品的变动成本为 190 元,计划期的固定成本费用总额为 950 000 元,该产品适用的消费税税率为 5%,成本利润率必须达到 20%。假定本年度接到一额外订单,订购 1 000 件丁产品,单价 300 元。

请问:该企业计划内产品单位价格是多少?是否应接受这一额外订单?

【答案】

$$单位丁产品价格 = \frac{\left(\dfrac{950\,000}{1\,000} + 190\right) \times (1 + 20\%)}{1 - 5\%} = 360(元)$$

追加生产 1 000 件的变动成本为 190 元,则:

单位丁产品价格 $= \dfrac{190+(1+20\%)}{1-5\%} = 240$(元)

因为额外订单单价高于其按变动成本计算的价格,故应接受这一额外订单。

2. 以市场需求为基础的定价方法

(1)需求价格弹性系数定价法。

表 9-16　　　　　　　　　需求价格弹性系数定价法

概念	需求价格弹性系数是指在其他条件不变的情下,某种产品的需求量随其价格的升降而变动的程度。企业可以通过价格的升降来作用于市场需求
计算公式	$E = \dfrac{\Delta Q/Q_0}{\Delta P/P_0}$ $P = \dfrac{P_0 Q_0^{\frac{1}{\|E\|}}}{Q^{\frac{1}{\|E\|}}}$ E:某种产品的需求价格弹性系数 ΔP:价格变动量 ΔQ:需求变动量 P_0:基期单位产品价格 Q_0:基期需求量 P:单位产品价格 Q:预计销售数量

【例 9-10-计算分析题】　某企业生产销售戊产品,2012 年前三个季度中,实际销售价格和销售数量如下表所示。若企业在第四季度要完成 4 000 件的销售任务,那么销售价格应为多少?

项目	第一季度	第二季度	第三季度
销售价格(元)	750	800	780
销售数量(件)	3 859	3 378	3 558

要求:

(1)分别确定第二季度和第三季度需求价格弹性系数;

(2)利用平均需求价格弹性系数,预计第四季度的价格。

【答案】

(1)根据上述资料,戊产品的销售价格的计算过程为:

$$E_1 = \dfrac{(3\,378 - 3\,859)/3\,859}{(800 - 750)/750} = \dfrac{-0.124\,6}{0.667} = -1.87$$

$$E_2 = \dfrac{(3\,558 - 3\,378)/3\,378}{(780 - 800)/800} = \dfrac{0.053\,3}{-0.025} = -2.13$$

$$E = \frac{E_1 + E_2}{2} = \frac{-1.87 - 2.13}{2} = -2$$

(2) $|E| = 2$

$$P = \frac{P_0 Q_0^{(1/|E|)}}{Q^{(1/|E|)}} = \frac{780 \times 3558^{(1/2)}}{4000^{(1/2)}} = 735.3 = 64(元)$$

即第四季度要完成 4 000 件的销售任务,其单位产品的销售价格为 735.64 元。

(2) 边际分析定价法。

表 9-17　　　　　　　　　边际分析定价法

概念	基于微分极值原理,通过分析不同价格与销售量组合下的产品边际收入、边际成本和边际利润之间的关系,进行定价决策的一种定量分析方法。边际利润最小时的价格就是最优售价

(五) 价格运用策略

1. 折让定价策略

表 9-18　　　　　　　　　折让定价策略

现金折扣	对在一定期限内付款的购买者给予的折扣,目的是鼓励购买方提前付款
数量折扣	对大量购买或集中购买本企业产品的购买方给予的折扣,分为一次性数量折扣和累计数量折扣
功能折扣	针对经销商在整个营销过程中所担负的特殊功能(如推销、储存、售后服务)而给予不同的价格折扣
专营折扣	为鼓励经销商专营本企业产品所给予的折扣
季节折扣	给予非季节性热销商品的购买者提供的价格优惠
品种折扣	针对特定品种产品(如过时产品、缺陷产品、特定产品等)进行价格优惠
网上折扣	针对网上下单者进行的价格优惠
购买限制折扣	针对特定时间(如限时抢购)、特定数量(如限购 200 件)、购买条件上的制约所做的价格优惠
团购折扣	通过团购网站集合足够的购买者以享受优惠价格
预购折扣	对预先向企业订购或购买产品进行折扣
众筹折扣	用"团购+预购"的形式,向网友募集项目资金的模式
会员折扣	针对加入会员的主体给予的折扣优惠

2. 心理定价策略

表 9-19　　　　　　　　　　心理定价策略

声望定价	企业按照其产品在市场上的知名度和在消费者中的信任程度来制定产品价格
尾数定价	在制定产品价格时,价格的尾数取接近整数的小数或带有一定谐音的数等,一般只适用于价值较小的中低档日用消费品定价
双位定价	在向市场以挂牌价格销售时,采用两种不同的标价来促销的一种定价方法,适用于市场接受程度较低或销路不太好的产品
高位定价	根据消费者"价高质优"的心理特点实行高标价促销的方法

3. 组合定价策略

表 9-20　　　　　　　　　　组合定价策略

概念	根据相关产品在市场竞争中的不同情况,使互补产品价格有高有低,或使组合售价优惠。对于具有互补关系的相关产品,可以采取降低部分产品价格而提高互补产品价格,以促进销售,提高整体利润。对于具有配套关系的相关产品,可以对组合购买进行优惠
优点	可以扩大销售量、节约流通费用,有利于企业整体效益的提高

4. 寿命周期定价策略

表 9-21　　　　　　　　　　寿命周期定价策略

概念		根据产品从进入市场到退出市场的生命周期,分阶段确定不同价格的定价策略
寿命周期	推广期	产品需要获得消费者的认同,进一步占有市场,应采用低价促销策略
	成长期	产品有了一定的知名度,销售量稳步上升,可以采用中等价格
	成熟期	产品市场知名度处于最佳状态,可以采用高价促销,但由于市场需求接近饱和,竞争激烈,定价时必须考虑竞争者的情况,以保持现有市场销售量
	衰退期	产品市场竞争力下降,销售量下滑,应该降价促销或维持现价并辅之以折扣等其他手段,同时,积极开发新产品,保持企业的市场竞争优势

第三节　纳税管理

一、纳税管理概述

(一)纳税管理

表 9-22　　　　　　　　　　纳税管理

概念	企业对其涉税业务和纳税实务所实施的研究和分析、计划和筹划、处理和监控、协调和沟通、预测和报告全过程管理行为
目标	规范企业纳税行为、合理降低税收支出、有效防范纳税风险

(二) 纳税筹划

表 9-23　　　　　　　　　　　纳税筹划

概念	在纳税行为发生之前,在不违反税法及相关法律法规的前提下,对纳税主体的投资、筹资、营运及分配行为等涉税事项作出事先安排,以实现企业财务管理目标的一系列谋划活动
表现	降低税负和延期纳税
作用	① 可以减少企业的现金流出量或延迟现金的流出时间 ② 提高资本回报率或节约企业的资本成本 ③ 提高企业的现金管理水平,有助于企业财务管理目标的实现

(三) 纳税筹划的原则

表 9-24　　　　　　　　　纳税筹划的原则

合法性原则	企业开展税务管理必须遵守国家的各项法律法规。坚持合法性原则是纳税筹划与偷税、逃税、抗税和骗税等行为的本质区别
系统性原则	也称为整体性原则、综合性原则 企业纳税筹划的方案设计必须遵循系统观念,要将筹划活动置于财务管理的大系统下,与企业的投资、筹资、营运及分配策略相结合。企业需要缴纳的税种之间常常相互关联,纳税筹划要求企业必须从整体角度考虑纳税负担,要着眼于整体税负的降低
经济性原则	也称成本效益原则 企业在进行纳税筹划相关的决策时,必须进行成本效益分析,选择净收益最大的方案
先行性原则	筹划策略的实施通常在纳税义务发生之前。如果纳税义务已经发生,根据税收法定原则相应的纳税数额和纳税时间已经确定,纳税筹划就失去了作用空间

(四) 纳税筹划的方法

1. 减少应纳税额

(1) 利用税收优惠政策。

表 9-25　　　　　　　　　利用税收优惠政策

利用免税政策	概念	在合法、合理的情况下,使纳税人成为免税人或使纳税人从事免税活动,或使征税对象成为免税对象而免纳税收的纳税筹划方法
	特点	能直接免除纳税人的应纳税额,技术简单。使用范围狭窄,且具有一定的风险性
	要点	尽量争取更多的免税待遇和尽量延长免税期

(续表)

利用减税政策	概念	在合法、合理的情况下,使纳税人减少应纳税额而直接节税的纳税筹划方法
	特点	技术简单、使用范围狭窄,具有一定风险性等
	要点	尽量争取更多的减税待遇并使减税最大化和减税期最长化
利用退税政策	概念	在合法、合理的情况下,使税务机关退还纳税人已纳税款而直接节税的纳税筹划方法
利用税收扣除政策	概念	在合法、合理的情况下,使扣除额增加而实现直接节税,或调整各个计税期的扣除额而实现相对节税的纳税筹划方法
	特点	技术较为复杂、适用范围较大、具有相对确定性
	要点	使扣除项目最多化、扣除金额最大化和扣除最早化
利用税率差异	概念	在合法、合理的情况下,利用税率的差异直接节税的纳税筹划办法
	特点	适用范围较广,具有复杂性、相对确定性。不但受不同税率的影响,有时还受不同计税基数的影响,计税基数计算的复杂性使税率差异筹划变得复杂
	要点	尽量寻求税率最低化,以及尽量寻求税率差异的稳定性和长期性
利用分劈技术	概念	在合法、合理的情况下,使所得、财产在两个或更多个纳税人之间进行分劈而直接节税的纳税筹划技术
	作用	使所得、财产在两个或更多个纳税人之间分劈,可以使计税基数降至低税率级次,从而降低最高边际适用税率,节减税收
利用税收抵免	概念	在合法、合理的情况下,使税收抵免额增加而节税的纳税筹划方法
	要点	使抵免项目最多化、抵免金额最大化

(2)转让定价筹划法。

表 9-26　　　　　　　　　转让定价筹划法

概念	通过关联企业采用非常规的定价方式和交易条件进行的纳税筹划
要点	要进行成本效益分析 价格的波动应在一定的范围之内,以防被税务机关调整而增加税负 纳税人可以运用多种方法进行全方位、系统的筹划安排

2. 递延纳税

表 9-27　　　　　　　　　递延纳税

概念	合法、合理的情况下,纳税人将应纳税款推迟一定期限的方法
作用	有利于资金周转,节省利息支出,以及由于通货膨胀的影响,延期以后的税款币值下降,从而降低了实际纳税额
途径	通过对有关会计处理方法筹划可以达到相对节税的目的,主要包括存货计价方法的选择和固定资产折旧的纳税筹划等

181

二、企业筹资纳税管理

表 9-28　　　　　　　　　企业筹资纳税管理

内部	① 内部资金是企业已经持有的资金,并且无须花费筹资费用 ② 与外部股权筹资相比,其资本成本更低 ③ 与债务筹资相比,降低了企业的财务风险 ④ 从税收角度来看,将这部分资金继续留在企业内部获取投资收益,投资者可以自由选择资本收益的纳税时间,可以享受递延纳税带来的收益 ⑤ 内部筹资是减少股东税收的一种有效手段,有利于股东财富最大化的实现
外部	① 需要的外部融资额可以通过增加债务或增加权益资金来满足 ② 使用债务筹资的确可以带来节税收益,增加企业价值 ③ 但出于财务管理目标的考虑,在采用债务筹资方式筹集资金时,不仅要将资本结构控制在相对安全的范围内,还要确保总资产报酬率(息税前)大于债务利息率

三、企业投资纳税管理

(一) 直接投资纳税管理

1. 直接对外投资纳税管理

表 9-29　　　　　　　　　直接对外投资纳税管理

概念	包括企业联营、合营和设立子公司等行为,这类投资规模较大,选择范围广,存在较为广阔的纳税筹划空间
投资组织形式	① 公司制企业与合伙企业的选择 　公司股东存在双重税收问题,而合伙企业只课征各个合伙人分得收益的个人所得税 ② 子公司与分公司的选择 　子公司需要独立申报企业所得税,分公司的企业所得税由总公司汇总计算并缴纳。企业分支机构可能存在的盈亏不均、税率差别等因素来决定分支机构的设立形式,能合法、合理地降低税收成本
投资行业	在进行投资决策时,应尽可能选择税收负担较轻的行业
投资地区	企业在选择注册地点时,应考虑不同地区的税收优惠政策
投资收益取得方式	① 居民企业直接投资于其他居民企业取得股息、红利等权益性投资收益一般为企业免税收入,而企业卖出股份所取得的投资收益则需要缴纳企业所得税 ② 在选择回报方式时,投资企业可以利用其在被投资企业中的地位,使被投资企业进行现金股利分配,这样可以减少投资企业取得投资收益的所得税负担

2. 直接对内投资纳税管理

表 9-30　　　　　　　　　直接对内投资纳税管理

概念	在本企业范围内的资金投放,用于购买和配置生产经营所需的生产资料,这里主要对长期经营资产进行纳税筹划

(二) 间接投资纳税管理

表 9-31　　　　　　　　　　间接投资纳税管理

概念	又称证券投资,是指企业用资金购买股票、债券等金融资产而不直接参与其他企业生产经营管理的一种投资活动。纳税人应该密切关注税收法规,及时利用税法在投资方面的优惠政策进行纳税筹划
分类	交易性金融资产、可供出售金融资产和持有至到期投资等

四、企业营运纳税管理

(一) 采购的纳税管理

1. 增值税纳税人的纳税筹划

表 9-32　　　　　　　　　　增值税纳税人的纳税筹划

要点	① 一般来说,增值率高的企业,适宜作为小规模纳税人;反之,适宜作为一般纳税人 ② 当增值率达到某一数值时,两类纳税人的税负相同,这一数被称为无差别平衡点增值率 设 X 为增值率,S 为不含税销售额,P 为不含税购进额,假定一般纳税人适用的增值税税率为 a,小规模纳税人的征收率为 b,则: 增值率 $X = (S-P) \div S$ 一般纳税人应纳增值税 $= S \times a - P \times a = X \times S \times a$ 小规模纳税人应纳增值税 $= S \times b$ 令 $X \times S \times a = S \times b$ 得到 $X = b/a$ 一般纳税人与小规模纳税人的无差别平衡点的增值率为 b/a,当一般纳税人适用的增值税税率为 17%,小规模纳税人的征收率为 3% 时,所计算出的无差别平衡点增值率为 17.65% ③ 若企业的增值率等于 17.65%,选择成为一般纳税人或小规模纳税人在税负上没有差别,其应纳增值税额相同。若企业的增值率小于 17.65%,选择成为一般纳税人税负较轻;反之,选择小规模纳税人较为有利

2. 购货对象的纳税筹划

表 9-33　　　　　　　　　　购货对象的纳税筹划

要点	① 一般纳税人从一般纳税人处采购的货物,增值税进项税额以抵扣,从小规模纳税人采购的货物,增值税不能抵扣(由税务机关代开的除外),小规模纳税人有时会在价格上给予优惠 ② 在选择购货对象时,要综合考虑由于价格优惠所带来的成本的减少和不能抵扣的增值税带来的成本费用的增加

【例9-11-计算分析题】 甲企业为生产并销售A产品的增值税一般纳税人,适用增值税税率为17%。现有X、Y、Z三个公司可以为其提供生产所需原材料,其中X为一般纳税人,且可以提供增值税专用发票,适用的增值税税率为17%;Y为小规模纳税人,可以委托税务机关开具增值税税率为3%的发票;Z为个体工商户,目前只能出具普通发票。X、Y、Z三家公司提供的原材料质量无差别,所提供的每单位原材料的含税价格分别为93.60元、84.46元和79元。

A产品的单位含税售价为117元,假设城市维护建设税率为7%,教育费附加率为3%,从税后利润最大化角度考虑甲企业应该选择哪家企业作为原材料供应商?企业适用的所得税税率为25%。

【答案】

A产品的不含税单价=117÷(1+17%)=100(元)

每单位A产品的增值税销项税额=100×17%=17(元)

由于甲企业的购货方式不会影响到企业的期间费用,所以在以下计算过程中省略期间费用。

(1) 从X处购货:

单位成本=93.60÷(1+17%)=80(元)

可以抵扣的增值税进项税额=80×17%=13.60(元)

应纳增值税=17-13.60=3.40(元)

税金及附加=3.40×(7%+3%)=0.34(元)

单位产品税后利润=(100-80-0.34)×(1-25%)=14.75(元)

(2) 从Y处购货:

单位成本=84.46÷(1+3%)=82(元)

可以抵扣的增值税进项税额=82×3%=2.46(元)

应纳增值税=17-2.46=14.54(元)

税金及附加=14.54×(7%+3%)=1.45(元)

单位产品税后利润=(100-82-1.45)×(1-25%)=12.41(元)

(3) 从Z处购货:

单位成本=79(元)

可以抵扣的增值税进项税额=0(元)

应纳增值税=17(元)

税金及附加=17×(7%+3%)=1.7(元)

单位产品税后利润=(100-79-1.7)×(1-25%)=14.48(元)

由上可知,在一般纳税人处购买原材料所获利润最大,所以应该选择X公司作为原材料供应商。

3. 结算方式的纳税筹划

表 9-34　　　　　　　　　　结算方式的纳税筹划

要点	① 结算方式包括赊购、现金、预付等 ② 在价格无明显差异时，采用赊购方式不仅可以获得推迟付款的好处，还可以在赊购当期抵扣进项税额 ③ 采用预付方式时，不仅要提前支付货款，在付款的当期如果未取得增值税专用发票，相应的增值税进项税额不能被抵扣 ④ 在三种购货方式的价格有差异的情况下，需要综合考虑货物价格、付款时间和进项税额抵扣时间

4. 增值税专用发票管理

表 9-35　　　　　　　　　　增值税专用发票管理

要点	对于取得防伪税控系统开具的增值税专用发票，需要认证抵扣的企业，在取得发票后应该尽快到税务机关进行认证

（二）生产的纳税管理

1. 存货计价的纳税筹划

表 9-36　　　　　　　　　　存货计价的纳税筹划

要点	虽然从长期看来，存货的计价方法不会对应纳增值税总额产生影响，但是不同的存货计价方法可以通过改变销售成本，继而改变所得税纳税义务在时间上的分布来影响企业价值。当企业处于非税收优惠期间时，应选择使得存货成本最大化的计价方法，以达到减少当期应纳税所得额、延迟纳税的目的

2. 固定资产的纳税筹划

表 9-37　　　　　　　　　　固定资产的纳税筹划

要点	对于盈利企业，新增固定资产入账时，其账面价值应尽可能低，尽可能在当期扣除相关费用，尽量缩短折旧年限或采用加速折旧法。对于亏损企业和享受税收优惠的企业，尽量在税收优惠期间和亏损期间少提折旧，以达到抵税收益最大化

【例 9-12-计算分析题】　B 公司为一家医药制造企业，为了维持生产经营，于 2015 年 12 月 31 日购进一台机器并立即投入使用，价格为 200 000 元，预计使用 5 年，残值率为 5%。该机器常年处于强腐蚀状态，根据税法的规定，可以缩短折旧年限或者采取加速折旧的方法。企业所得税税率为 25%。

要求：

（1）根据上述条件，分别采用直线法、双倍余额递减法、年数总和法和缩短折旧年限的方法计算各年的折旧额及折旧所带来的抵税收益（计算结果保留整数，下同）。

（2）假设每年年末B公司都有足够多的征税收入来抵扣各扣除项目，分析双倍余额递减法和缩短折旧年限的方法中哪一种对企业更为有利。（B公司的加权平均资本成本为10%）

（1）各年折旧额和折旧抵税收益如下表所示。

各年折旧额　　　　　　　　　　　　　　　　　单位：元

年数	直线法	双倍余额递减法	年数总和法	缩短折旧年限
1	38 000	80 000	63 333	63 333
2	38 000	48 000	50 667	63 333
3	38 000	28 800	38 000	63 334
4	38 000	16 600	25 333	0
5	38 000	16 600	12 667	0
合计	190 000	190 000	190 000	190 000

直线折旧法：

折旧 = $200\,000 \times (1 - 5\%)/5 = 38\,000$（元）

双倍余额递减法：

第1年折旧 = $200\,000 \times 2/5 = 80\,000$（元）

第2年折旧 = $(200\,000 - 80\,000) \times 2/5 = 48\,000$（元）

第3年折旧 = $(200\,000 - 80\,000 - 48\,000) \times 2/5 = 28\,800$（元）

第4年折旧 = $(200\,000 - 80\,000 - 48\,000 - 28\,800 - 200\,000 \times 5\%)/2 = 16\,600$（元）

第5年折旧 = $16\,600$（元）

年数总和法：

第1年折旧 = $200\,000 \times (1 - 5\%) \times 5/(5+4+3+2+1) = 63\,333$（元）

第2年折旧 = $200\,000 \times (1 - 5\%) \times 4/(5+4+3+2+1) = 50\,667$（元）

第3年折旧 = $200\,000 \times (1 - 5\%) \times 3/(5+4+3+2+1) = 38\,000$（元）

第4年折旧 = $200\,000 \times (1 - 5\%) \times 2/(5+4+3+2+1) = 25\,333$（元）

第5年折旧 = $200\,000 \times (1 - 5\%) \times 1/(5+4+3+2+1) = 12\,667$（元）

缩短折旧年限法：

折旧 = $200\,000 \times (1 - 5\%)/3 = 63\,333.33$（元）

各年折旧额所带来的抵税收益　　　　　　　　　　单位：元

年数	直线法	双倍余额递减法	年数总和法	缩短折旧年限
1	9 500	20 000	15 833	15 833
2	9 500	12 000	12 667	15 833

(续表)

年数	直线法	双倍余额递减法	年数总和法	缩短折旧年限
3	9 500	7 200	9 500	15 834
4	9 500	4 150	6 333	0
5	9 500	4 150	3 167	0
合计	47 500	47 500	47 500	47 500

（2）由上表可知，在公司盈利的情况下，采用不同的折旧计提方法不会对未来五年的利润总额产生影响，但是会影响应纳税额在时间上的分布，因此，要考虑折旧抵税对公司现金流量产生的影响。

差额分析法   单位：元

年数	双倍余额递减法	缩短折旧年限	抵税差额	折现系数	现值
1	20 000	15 833	4 167	0.909 1	3 788.219 7
2	12 000	15 833	−3 833	0.826 4	−3 167.591 2
3	7 200	15 834	−8 634	0.751 3	−6 486.724 2
4	4 150	0	4 150	0.683 0	2 834.450 0
5	4 150	0	4 150	0.620 9	2 576.735 0
合计	47 500	47 500			−455

由上表可知，采用缩短折旧年限的方法比双倍余额递减法可以获得更多的净现值，从而企业价值更大，因此，企业应该采用缩短折旧年限方法。

3. 期间费用的纳税筹划

表 9-38   期间费用的纳税筹划

要点	企业在生产经营过程中所发生的费用和损失，只有部分能够计入所得税扣除项目，且有些扣除项目还有限额的规定，例如企业发生的招待费支出，按照发生额的 60% 扣除，但最高不得超过当年销售收入的 5‰

（三）销售的纳税管理

1. 结算方式的纳税管理

表 9-39   结算方式的纳税管理

分期收款结算方式	以合同约定日期为纳税义务发生时间。企业在产品销售过程中，在应收款项无法收回或只能部分收回情况下，应该选择分期收款结算方式
委托代销商品方式	委托方在收到销货清单时才确认销售收入，产生纳税义务。企业在不能及时收到货款的情况下，可以采用委托代销、分期收款等销售方式，等收到代销清单或合同约定的收款日期到来时再开具发票，承担纳税义务，从而起到延缓纳税的作用

2. 促销方式的纳税筹划

表 9-40　　　　　　　　促销方式的纳税筹划

销售折扣	销货方在销售货物或提供应税劳务和应税服务后,为了鼓励购货方及早偿还货款而许诺给予购货方的一种扣优待,又称为现金折扣。销售折扣不得从销售额中减除,不能减少增值税纳税义务,但是可以尽早收到货款,可以提高企业资金周转效率
折扣销售	给予消费者购货价格上的优惠。如果销售额和折扣额在同一张发票上注明,可以以销售额扣除折扣额后的余额作为计税金额,减少企业的销项税额
实物折扣	销货方在销售过程中,当购买方购买货物时配送、赠送一定数量的货物,实物款额不仅不能从货物销售额中减除,而且还需要按"赠送他人"计征增值税
以旧换新	一般应按新货物的同期销售价格确定销售额,不得扣减旧货物的收购价格

【**例 9-13 -计算分析题**】 A 公司为一家从事产品经销的一般纳税人,为了吸引更多顾客,提高当地市场份额,决定拿出 10 000 件甲产品进行促销活动,现有两种促销方案:方案一是八折销售,且销售额和折扣额开在同一张发票上,方案二是买 4 件甲商品送 1 件甲商品(增值税发票上只列明 4 件甲商品的销售金额),根据以往经验,无论采用哪种促销方式,甲产品都会很快被抢购一空,但是从纳税筹划角度上考虑,这两种方式可能面临不同的纳税义务。

计算两种销售方式所产生的净现金流量并判断 A 公司应该采取哪种促销方式(A 公司采用现金购货和现金销货的方式,甲产品的不含税售价为每件 10 元,不含税进价为每件 5 元,增值税税率为 17%,所得税税率为 25%,不考虑城市维护建设税和教育费附加)。

(1) 计算两种方式下的应交增值税;
(2) 计算两种方式下的应交所得税;
(3) 计算两种销售方式所产生的净现金流量;
(4) 判断 A 公司应该采取哪种促销方式。

【**答案**】

(1)

项目	八折销售	买四赠一
销项税	10 * 80% * 10 000 * 17% = 13 600	10 * (8 000 + 2 000) * 17% = 17 000
进项税	5 * 10 000 * 17% = 8 500	5 * 10 000 * 17% = 8 500
应交增值税	5 100	8 500

(2)

项目	八折销售	买四赠一
销售收入	10*80%*10 000=80 000	10*8 000=80 000
销售成本	5*10 000=50 000	5*10 000=50 000
销售利润	30 000	30 000
应交所得税	30 000*25%=7 500	7 500

(3)

项目	八折销售	买四赠一
含税销售收入	10*80%*10 000*(1+17%)=93 600	10*8 000*(1+17%)=93 600
含税进货成本	5*10 000*(1+17%)=58 500	5*10 000*(1+17%)=58 500
应交增值税	5 100	8 500
应交所得税	7 500	7 500
现金净流量	22 500	19 100

由上可知，企业应该采取折扣方式销售货物，即打八折的销售方式。

在实务中，公司在采取买四赠一销售方式时，可以按照折扣销售的方式开票，即在增值税专用发票上列明5件甲产品，其销售金额为100 000元，折扣为20 000元，则增值税销项税额为13 600元，这样可以达到节税目的。

五、企业利润分配纳税管理

（一）所得税纳税管理

表9-41　　　　　　　　　所得税纳税管理

概念	亏损弥补的纳税筹划，最重要的就是正确把握亏损弥补期限。纳税人发生年度亏损可以用以后五个纳税年度的所得延续弥补。当企业发生亏损后，纳税筹划的首要任务是增加收入或减少可抵扣项目，使应纳税所得额尽可能多，以尽快弥补亏损，获得抵税收益

(二)股利分配纳税管理

表 9-42　　　　　　　　股利分配纳税管理

基于自然人股东	① 个人从公开发行和转让市场取得的上市公司股票,持股期限超过 1 年的,股息红利所得暂免征收个人所得税;持股期限在 1 个月以上至 1 年(含 1 年)的,暂减按 50% 计入应纳税所得额;持股期限在 1 个月以内(含 1 个月)的,其股息红利所得全额计入应纳税所得额。上述所得统一适用 20% 的税率计征个人所得税 ② 投资个人通过股票交易获得投资收益,对股票转让所得不征收个人所得税,即暂不征收资本利得税,但投资个人在股票交易时需承担成交金额的 1‰ 的印花税 ③ 对于上市公司自身而言,进行股利分配可以鼓励个人投资者长期持有公司股票,有利于稳定股价 ④ 对于自然人股东而言,如果持股期限超过 1 年,由于股票转让投资收益的税负(印花税)重于股息红利收益的税负(0 税负),上市公司发放股利有利于长期持股的个人股获得纳税方面的好处
基于法人股东	① 投资企业从居民企业取得的股息等权益性收益所得只要符合相关规定都可享受免税收入待遇,不论该投资企业是否为居民企业 ② 投资企业通过股权转让等方式取得的投资收益需要计入应纳税所得额,按企业适用的所得税税率缴纳企业所得税 ③ 被投资企业进行股利分配有利于投资企业减轻税收负担 ④ 在实际工作中,股利分配的制约因素很多,包括法律因素、公司因素、股东因素等。在进行纳税筹划时,应该坚持系统性原则,综合考虑股利分配的各方面制约因素,选择有利于企业长远发展的筹划方案,这样更有利于增加股东财富

六、企业重组纳税管理

表 9-43　　　　　　　　企业重组纳税管理

总体思路	① 通过重组事项,长期降低企业的各项纳税义务,企业重组是减少企业纳税义务的手段 ② 减少企业重组环节的纳税义务。在进行重组时,应该尽量满足特殊性税务处理条件,采用特殊性税务处理方法

(一)企业合并的纳税筹划

1. 并购目标企业的选择

表 9-44　　　　　　　　并购目标企业的选择

并购有税收优惠政策的企业	企业在选择并购目标时,应充分重视行业优惠因素和地区优惠因素,优先选择享有税收优惠政策的企业,可以使并购后企业整体的税务负担较小
并购亏损的企业	如果企业并购重组符合特殊性税务处理规定,合并企业可以对被合并企业的亏损进行弥补,获得抵税收益。企业应该选择亏损企业作为并购目标,在亏损企业中应优先考虑亏损额接近于法定最高亏损弥补额的企业
并购上下游企业或关联企业	并购可以实现关联企业或上下游企业流通环节的减少,减少流转税纳税义务

2. 并购支付方式的纳税筹划

表 9-45　　　　　　　　并购支付方式的纳税筹划

股权支付	概念	企业重组中购买、换取资产的一方支付的对价中,以本企业或其控股企业的股权、股份作为支付的形式
	特点	与现金支付相比,股权支付不会给企业带来融资压力,降低了企业的财务风险
	作用	股权支付是对企业合并采取特殊性税务处理方法的必要条件,可以相对减少合并环节的纳税义务,获得抵税收益
非股权支付	概念	在企业并购过程中,以本企业的现金、银行存款、应收款项、本企业或其控股企业股权和股份以外的有价证券、存货、固定资产、其他资以及承担债务等作为支付的形式
	特点	非股权支付采用一般性税务处理方法,要考虑到目标公司股东的税收负担,这样势必会增加收购成本。当采用股权支付不会对并购公司控制权产生重大影响时,应该优先考虑股权支付,或者尽量使股权支付金额不低于其交易支付总额的85%,以争取达到特殊性税务处理的条件

【例 9-14-计算分析题】　A 公司拟吸收合并 B 公司,除了一项无形资产外,B 公司的所有资产和负债的计税基础都与公允价值一致,该无形资产的计税基础为 0,公允价值为 1 000 万元,并且没有规定使用年限。B 公司未弥补的亏损为 150 万元,净资产的公允价值为 2 000 万元。截至合并业务发生当年年末,国家发行的最长期国债利率为 5.32%,A 公司适用的所得税税率为 25%。A 公司可以采用股权支付或非股权支付方式,该合并事项已经满足了特殊性税务处理的其他条件,如果选择股权支付,则可以对该合并业务采用特殊性处理的方法。要求计算并分析 A 公司应该采用哪种支付方式?

【答案】

(1) 如果企业采用非股权支付方式,则使用一般性税务处理方法:

确认合并所得＝1 000－0＝1 000(万元)

由于被合并企业的亏损不得由合并企业弥补,故:

合并事项产生的所得税纳税义务＝1 000×25%＝250(万元)

《企业所得税法》规定,对无形资产的摊销应该采用直线法,企业受让的无形资产,法律、合同或企业申请书没有规定使用年限的,摊销年限不得小于 10 年。在接下来的 10 年中,企业无形资产每年可以摊销抵税 100×25%＝25(万元),10 年期间,在不考虑货币时间价值的情况下,该项无形资产带来的抵税收益为 250 万元,相当于在并购年份无偿借出一笔金额为 250 万元的贷款,然后分 10 年等额收回,无疑会损害企业价值。

(2) 如果企业采用股权支付方式,则可以采用特殊性税务处理方法:

由于全部采用股权支付形式,不需要确认计税基础与公允价值的差额。

可由合并企业弥补的被合并企业的亏损的限额=被合并企业净资产公允价值×截至合并业务发生当年年末国家发行的最长期限的国债利率

可以由 A 公司弥补的亏损 = 2 000×5.32% = 106.4(万元)

弥补亏损可节约的税收 = 106.4×25% = 26.6(万元)

通过比较可知,A 公司应该采取股权支付方式。

(二) 企业分立的纳税筹划

1. 分立方式的选择

表 9-46　　　　　　　　　分立方式的选择

新设分立	原企业解散,分立出的各方分别设立为新的企业 通过新设分立分解成两个甚至更多个新企业,单个企业应纳税所得额大大减少,使之适用小型微利企业,可以按照更低的税率征收所得税。通过新设分离使某些新设企业符合高新技术企业的优惠,所适用的税率也就相对较低,从而使企业的总体税收负担低于分立前的企业
存续分立	原企业存续,而其一部分分出设立为一个或多个新的企业。通过存续分立,可以将企业某个特定部门分立出去,获得流转税的税收利益

【例 9-15-计算分析题】 M 公司的主要业务是生产和销售粮食白酒,其生产的白酒,主要通过批发商销往全国各地,企业销售给批发商的白酒不含税价格为每箱 2 400 元。近几年来,随着产品知名度的提高,很多消费者直接到 M 公司购买白酒,平均每年由 M 公司的销售部门直接销售的白酒大约有 2 500 箱(每箱 12 瓶,每瓶 500 克),销售价格为 2 600 元/箱。M 公司的总经理认为,可以将 M 公司的经销部门分立出来,注册成为一个销售公司,M 公司按照销售给批发商的价格销售给销售公司,销售公司再负责对消费者的直接销售,请计算并分析该方案是否可行。(不考虑成立销售公司的费用,粮食白酒的比例税率为 20%,定额税率为 0.5 元/500 克)

【答案】

企业内部销售部门直接销售给消费者时的应交消费税为:

2 600×2 500×20% + 12×2 500×0.5 = 1 315 000(元)

销售给销售公司时应交消费税为:

2 400×2 500×20% + 12×2 500×0.5 = 1 215 000(元)

将销售部门分立出来成为销售公司之后,平均每年可以节约 100 000 元的消费税,故该方案可行。

2. 支付方式的纳税筹划

表 9-47　　　　　　　　　　支付方式的纳税筹划

要点	① 企业分立的支付方式有股权支付与非股权支付 ② 股权支付是对企业分立采取特殊性税务处理方法的必要条件 ③ 分立企业应该优先考虑股权支付,或尽量使股权支付金额不低于其交易支付总额的 85%,争取达到企业分立的特殊性税务处理条件

第四节　分配管理

一、股利政策与企业价值

表 9-48　　　　　　　　　　股利政策与企业价值

股利分配理论	含义	人们对股利分配的客观规律的科学认识与总结,其核心问题是股利政策与公司价值的关系问题
	股利无关论	1. 基本观点 在一定的假设条件限制下,股利政策不会对公司的价值或股票的价格产生任何影响,投资者不关心公司股利的分配。公司市场价值的高低,是由公司所选择的投资决策的获利能力和风险组合所决定的,而与公司的利润分配政策无关。在完全有效的资本市场上,股利政策的改变就仅仅意味着股东的收益在现金股利与资本利得之间分配上的变化 2. 假定条件: ① 市场具有强式效率,没有交易成本,没有任何一个股东的实力足以影响股票价格; ② 不存在任何公司或个人所得税; ③ 不存在任何筹资费用; ④ 公司的投资决策与股利决策彼此独立,即投资决策不受股利分配的影响; ⑤ 股东对股利收入和资本增值之间并无偏好
	股利相关理论	1. "手中鸟"理论 用留存收益再投资给投资者带来的收益具有较大的不确定性,并且投资的风险随着时间的推移会进一步加大,因此,厌恶风险的投资者会偏好确定的股利收益,而不愿将收益留存在公司内部去承担未来的投资风险。该理论认为公司的股利政策与公司的股票价格是密切相关的,即当公司支付较高的股利时,公司的股票价格会随之上升,公司价值将得到提高 2. 信号传递理论 在信息不对称的情况下,公司可以通过股利政策向市场传递有关公司未来获利能力的信息,从而会影响公司的股价。对市场上的投资者来讲,股利政策的差异或许是反映公司预期获利能力的有价值的信号,股票市价将会对股利的变动作出反应

		(续表)
股利分配理论	股利相关理论	3. 所得税差异理论 由于普遍存在的税率以及纳税时间的差异,资本利得收益比股利收益更有助于实现收益最大化目标,公司应当采用低股利政策。 ① 一般来说,对资本利得收益征收的税率低于对股利收益征收的税率; ② 由于投资者对资本利得收益的纳税时间选择更具有弹性,投资者仍可以享受延迟纳税带来的收益差异。 4. 代理理论 股利政策有助于减缓管理者与股东之间的代理冲突,即股利政策是协调股东与管理者之间代理关系的一种约束机制。股利的支付能够有效地降低代理成本 ① 股利的支付减少了管理者对自由现金流量的支配权,这在一定程度上可以抑制公司管理者的过度投资或在职消费行为,从而保护外部投资者的利益; ② 较多的现金股利发放,减少了内部融资,导致公司进入资本市场寻求外部融资,从而公司将接受资本市场上更多的、更严格的监督,这样便通过资本市场的监督减少了代理成本; ③ 高水平的股利政策降低了企业的代理成本,但同时增加了外部融资成本,理想的股利政策应当使两种成本之和最小
股利政策	剩余股利政策	1. 含义:公司在有良好的投资机会时,根据目标资本结构,测算出投资所需的权益资本额,先从盈余中留用,然后将剩余的盈余作为股利来分配,即净利润首先满足公司的权益资金需求,如果还有剩余,就派发股利;如果没有,则不派发股利 2. 理论依据:股利无关理论,即在完全理想的资本市场中,公司的股利政策与普通股每股市价无关,故而股利政策只需随着公司投资、融资方案的制定而自然确定 3. 遵循步骤: ① 设定目标资本结构,在此资本结构下,公司的加权平均资本成本将达最低水平; ② 确定公司的最佳资本预算,并根据公司·的目标资本结构预计资金需求中所需增加的权益资本数额; ③ 最大限度地使用留存收益来满足资金需求中所需增加的权益资本数额; ④ 留存收益在满足公司权益资本增加需求后,若还有剩余再用来发放股利。 4. 优点:留存收益优先满足再投资的需要权益资,有助于降低再投资的资金成本,保持最佳的资本结构,实现企业价值的长期最大化。 5. 缺陷: ① 股利发放额就会每年随着投资机会和盈利平的波动而波动; ② 不利于投资者安排收入与支出,也不利于公司树立良好的形象。 6. 适用情况:一般适用于公司初创阶段。

(续表)

股利政策	固定或稳定增长的股利政策	1. 含义：公司将每年派发的股利额固定在某一特定水平或是在此基础上维持某一固定比率逐年稳定增长 2. 优点： ① 稳定的股利向市场传递着公司正常发展的信息，有利于树立公司的良好形象，增强投资者对公司的信心，稳定股票的价格； ② 稳定的股利额有助于投资者安排股利收入和支出，有利于吸引那些打算进行长期投资并对股利有很高依赖性的股东； ③ 可能会不符合剩余股利理论，但考虑到股票市场会受多种因素影响（包括股东的心理状态和其他要求），为了将股利或股利增长率维持在稳定的水平上，即使推迟某些投资方案或暂时偏离目标资本结构，也可能比降低股利或股利增长率更为有利 3. 缺点： ① 股利的支付与企业的盈利相脱节，即不论公司盈利多少，均要支付固定的或按固定比率增长的股利，这可能会导致企业资金紧缺，财务状况恶化； ② 在企业无利可分的情况下，若依然实施固定或稳定增长的股利政策，也是违反《公司法》的行为 4. 适用情况：通常适用于经营比较稳定或正处于成长期的企业，但很难被长期采用
	固定股利支付率政策	1. 含义：公司将每年净利润的某一固定百分比作为股利分派给股东。这一百比通常称为股利支付率，股利支付率一经确定，一般不得随意变更 2. 优点： ① 采用固定股利支付率政策，股利与公司盈余紧密地配合，体现了"多盈多分、少盈少分、无盈不分"的股利分配原则； ② 由于公司的获利能力在年度间是经常变动的，每年的股利也应当随着公司收益的变动而变动 3. 缺点： ① 大多数公司每年的收益很难保持稳定不变，导致年度间的股利额波动较大，由于股利的信号传递作用，波动的股利很容易给投资者带来经营状况不稳定、投资风险较大的不良印象，成为影响股价的不利因素 ② 公司实现的盈利多，并不能代表公司有足够的现金流用来支付较多的股利额，容易使公司面临较大的财务压力； ③ 合适的固定股利支付率的确定难度比较大 4. 适用情况：较适用于那些处于稳定发展且财务状况也较稳定的公司
	低正常股利加额外股利政策	1. 含义：公司事先设定一个较低的正常股利额，每年除了按正常股利额向股东发放股利外，还在公司盈余较多、资金较为充裕的年份向股东发放额外股利 2. 表达公式： $$Y = a + bX$$ 其中：Y 为每股股利； 　　　X 为每股收益； 　　　a 为低正常股利； 　　　b 为额外股利支付比率。

(续表)

股利政策	低正常股利加额外股利政策	3. 优点： ① 赋予公司较大的灵活性，使公司在股利发放上留有余地，并具有较大的财务弹性； ② 使那些依靠股利度日的股东每年至少可以得到虽然较低但比较稳定的股利收入，从而吸引住这部分股东 4. 缺点： ① 由于各年度之间公司盈利的波动使得额外股利不断变化，造成分派的股利不同，容易给投资者造成收益不稳定的感觉； ② 当公司在较长时间持续发放额外股利后，可能会被股东误认为"正常股利"，一旦取消，传递出的信号可能会使股东认为这是公司财务状况恶化的表现，进而导致股价下跌 5. 适用情况：对那些盈利随着经济周期而波动较大的公司或者盈利与现金流量很不稳定时，低正常股利加额外股利政策也许是一种不错的选择

二、利润分配制约因素

表 9-49　利润分配制约因素

法律因素	资本保全约束	公司不能用资本(包括实收资本或股本和资本公积)发放股利
	资本积累约束	公司必须按照一定的比例和基数提取各种公积金，股利只能从企业的可供股东分配利润中支付
	超额累积利润约束	公司为了股东避税而使得盈余的保留大大超过了公司目前及未来的投资需要时，将被加征额外的税款
	偿债能力约束	公司要考虑现金股利分配对偿债能力的影响，确定在分配后仍能保持较强的偿债能力
公司因素	现金流量	公司在进行利润分配时，要保证正常的经营活动对现金的需求，以维持资金的正常周转
	资产的流动性	企业现金股利的支付会减少其现金持有量，降低资产的流动性
	盈余的稳定性	企业的利润分配政策在很大程度上会受盈利稳定性的影响
	投资机会	如果公司的投资机会多，对资金的需求量大，就很可能会考虑采用低股利支付水平的分配政策；如果公司将留存收益用于再投资所得报酬低于股东个人单独将股利收入投资于其他投资机会所得的报酬时，公司就应多发放股利
	筹资因素	公司具有较强的筹资能力，会具有较强的股利支付能力
	其他因素	公司应利润分配政策保持一定的连续性和稳定性。公司在进行政策选择时要考虑发展阶段以及所处行业状况

(续表)

股东因素	控制权	原股东会倾向于较低的股利支付水平,以便从内部的留存收益中取得所需资金,避免稀释原股东的控制权
	稳定的收入	股东依赖现金股利维持生活,往往要求公司能够支付稳定的股利,反对留存过多的利润
	避税	高股利收入的股东出于避税的考虑,倾向于较低的股利支付水平
其他因素	债务契约	债权人通常都会在债务契约、租赁合同中加入关于借款公司股利政策的限制条款
	通货膨胀	在通货膨胀时期,企业一般会采取偏紧的利润分配政策

三、股利支付形式与程序

表 9-50　　　　　　　　　股利支付形式与程序

股利支付形式	现金股利	1. 含义：以现金支付的股利,是股利支付最常见的方式 2. 制约因素：足够的留存收益和现金
	财产股利	以现金以外的其他资产支付的股利,主要是以公司所拥有的其他公司的有价证券,如债券、股票等,作为股利支付给股东,是现金股利的替代,在我国公司实务中很少使用
	负债股利	负债股利,是以负债方式支付的股利,通常以公司的应付票据支付给股东,有时也以发放公司债券的方式支付股利,是现金股利的替代,在我国公司实务中很少使用
	股票股利	1. 含义：公司以增发股票的方式所支付的股利,我国实务中通常也称其为"红股" 2. 对股东的优点： ① 发放股票股利往往预示着公司会有较大的发展和成长,会稳定股价或使股价下降比例减小甚至不降反升,股东便可以获得股票价值相对上升的好处; ② 由于股利收入和资本利得税率的差异,如果股东把股票股利出售,还会给他带来资本利得纳税上的好处 3. 对公司的优点： ① 发放股票股利不需要向股东支付现余,在再投资机会较多的情况下,公司就可以为再投资提供成本较低的资金,从而有利于公司的发展; ② 发放股票股利可以降低公司股票的市场价格,既有利于促进股票的交易和流通,又有利于吸引更多的投资者成为公司股东,进而使股权更为分散,有效地防止公司被恶意控制; ③ 股票股利的发放可以传递公司未来发展前景良好的信息,从而增强投资者的信心,在一定程度上稳定股票价格
股利支付程序	股利宣告日	股东大会决议通过并由董事会将股利支付情况予以公告的日期。公告中将宣布每股应支付的股利、股权登记日、除息日以及股利支付日

(续表)

股利支付程序	股权登记日	有权领取本期股利的股东资格登记截止日期
	除息日	领取股利的权利与股票分离的日期
	股利发放日	按照公布的分红方案向股权登记日在册的股东实际支付股利的日期

四、股票分割与股票回购

表 9-51　　　　　　　　　股票分割与股票回购

股票分割	含义	又称拆股,即将一股股票拆分成多股股票的行为
	与股票股利的异同	① 同:在不增加股东权益的情况下增加了股份的数量; ② 异:股票股利虽不会引起股东权益总额的改变,但股东权益的内部结构会发生变化;股票分割后股东权益总额及其内部结构都不会发生任何变化,变化的只是股票面值
	作用	① 降低股票价格,可以促进股票的流通和交易; ② 向市场和投资者传递"公司发展前景良好"的信号,有助于提高投资者对公司股票的信心
	反分割	① 含义:又称为股票合并或逆向分割,是指将多股股票合并为一股股票的行为; ② 影响:会降低股票的流通性,提高公司股票投资的门槛,向市场传递的信息通常是不利的
股票回购	含义	上市公司出资将其发行在外的普通股以一定价格购买回来予以注销或作为库存股的一种资本运作方式。只有满足相关法律规定的情形才允许股票回购。
	方式	① 主要包括公开市场回购、要约回购和协议回购三种; ② 公开市场回购:公司在公开交易市场上以当前市价回购股票; ③ 要约回购:公司在特定期间向股东发出以高出当前市价的某一价格回购既定数量股票的要约,并根据要约内容进行回购; ④ 协议回购:公司以协议价格直接向一个或几个主要股东回购股票
	动机	① 现金股利的替代 当公司有富余资金时,通过回购股东所持股票将现金分配给股东,股东可以根据自己的需要选择继续持有股票或出售获得现金 ② 改变公司的资本结构 公司认为权益资本在资本结构中所占比例较大时进行股票回购,可以在一定程度上降低整体资本成本

(续表)

股票回购	动机	③ 传递公司信息 投资者会认为股票回购意味着公司认为其股票价值被低估而采取的应对措施 ④ 基于控制权的考虑 控股股东为了保证其控制权不被改变,往往采取直接或间接的方式回购股票,从而巩固既有的控制权。股价上升可以有效地防止敌意收购
	影响	① 股票回购需要大量资金支付回购成本,容易造成资金紧张,降低资产流动性,影响公司的后续发展 ② 股票回购无异于股东退股和公司资本的减少,也可能会使公司的发起人股东更注重创业利润的实现,从而不仅在一定程度上削弱了对债权人利益的保护,而且忽视了公司的长远发展,损害了公司的根本利益 ③ 股票回购容易导致公司操纵股价

五、股权激励

表 9-52　　　　　　　　　　股权激励

股票期权模式	含义	股份公司赋予激励对象(如经理人员)在未来某一特定日期内以预先确定的价格和条件购买公司一定数量股份的选择权
	优点	① 能够降低委托代理成本 ② 可以锁定期权人的风险
	缺点	① 影响现有股东的权益 ② 能遭遇来自股票市场的风险 ③ 可能带来经营者的短期行为
	适用情况	适合初始资本投入较少,资本增值较快,处于成长初期或扩张期的企业
限制性股票模式	含义	公司为了实现某一特定目标,公司先将一定数量的股票赠与或以较低价格售予激励对象。只有当实现预定目标后,激励对象才可将限制性股票抛售并从中获利;若预定目标没有实现,公司有权将免费赠与的限制性股票收回或者将售出股票以激励对象购买时的价格回购
	优点	在限制期间公司不需要支付现金对价,便能够留住人才
	缺点	缺乏一个能推动企业股价上涨的激励机制,即在企业股价下跌的时候,激励对象仍能获得股份,这样可能达不到激励的效果,并使股东遭受损失
	适用情况	适合处于成熟期的企业

(续表)

股票增值权模式	含义	公司授予经营者一种权利,如果经营者努力经营企业,在规定的期限内,公司股票价格上升或业绩上升,经营者就可以按一定比例获得这种由股价上扬或业绩提升所带来的收益,收益为行权价与行权日二级市场股价之间的差价或净资产的增值额
	优点	① 比较易于操作 ② 审批程序简单,无须解决股票来源问题
	缺点	① 激励对象不能获得真正意义上的股票,激励的效果相对较差 ② 公司方面需要提取奖励基金,使公司的现金支付压力较大
	适用情况	适合现金流量比较充裕且比较稳定的上市公司和现金流量比较充裕的非上市公司
业绩股票激励模式	含义	公司在年初确定一个合理的年度业绩目标,如果激励对象经过大量努力后,在年末实现了公司预定的年度业绩目标,则公司给予激励对象一定数量的股票,或奖励其一定数量的奖金来购买本公司的股票
	优点	能够激励公司高管人员努力完成业绩目标,提升公司的业绩
	缺点	容易导致公司高管人员为获得业绩股票而弄虚作假,激励成本较高,可能造成公司支付现金的压力
	适用情况	适合业绩稳定型的上市公司及其集团公司、子公司

第十章 财务分析与评价

本章主要讲述财务分析的基本方法、财务状况的综合评价等内容。从历年考试情况来看,可以出客观题,还可以出计算分析题或综合题。近3年考试的平均分值为11分左右。

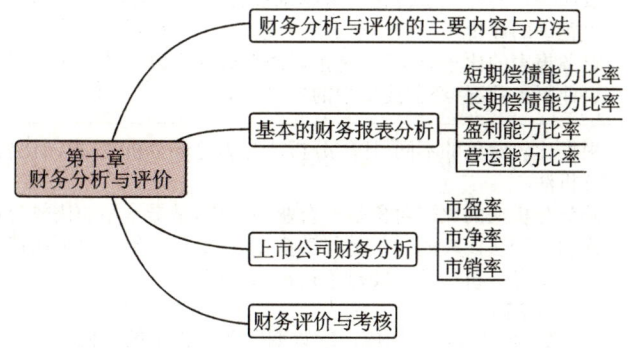

第一节 财务分析与评价的主要内容与方法

一、财务分析的意义和内容

表 10-1　　　　　　　　财务分析的意义和内容

含义	根据企业财务报表等信息资料,采用专门方法,系统分析和评价企业财务状况、经营成果以及未来发展趋势的过程
意义	① 可以判断企业的财务实力 ② 可以评价和考核企业的经营业绩,揭示财务活动存在的问题 ③ 可以挖掘企业潜力,寻求提高企业经营管理水平和经济效益的途径 ④ 可以评价企业的发展趋势

(续表)

内容	① 财务分析一般应包括：偿债能力分析、营运能力分析、盈利能力分析、发展能力分析和现金流量分析等方面 ② 企业所有者：关心其资本的保值和增值状况，重视企业盈利能力指标 ③ 企业债权人：重点关注投资的安全性，重视企业偿债能力指标，同时也关注企业盈利能力分析 ④ 企业经营决策者：必须对企业的营运能力、偿债能力、盈利能力及发展能力的全部信息予以详尽地了解和掌握，关注企业财务风险和经营风险 ⑤ 政府：既是宏观经济管理者，又是国有企业的所有者和重要的市场参与者，企业财务分析的关注点因所具身份不同而异

二、财务分析的方法

表 10-2　　　　　　　　　财务分析的方法

比较分析法	含义	① 按照特定的指标系将客观事物加以比较，从而认识事物的本质和规律并作出正确的评价 ② 财务报表的比较分析法，是指对两个或两个以上的可比数据进行对比，找出企业财务状况、经营成果中的差异与问题
	分类	① 根据比较对象的不同，比较分析法分为趋势分析法、横向比较法和预算差异分析法 ② 趋势分析法的比较对象是本企业的历史，是最常用的比较分析法 ③ 横向比较法比较的对象是同类企业，比如行业平均水平或竞争对手 ④ 预算差异分析法的比较对象是预算数据
	趋势分析法	(1) 含义：通过对比两期或连续数期财务报告中的相同指标，确定其增减变动的方向、数额和幅度，来说明企业财务状况或经营成果变动趋势的一种方法 (2) 作用：可以分析引起变化的主要原因、变动的性质，并预测企业未来的发展趋势 (3) 具体运用：重要财务指标的比较、会计报表的比较、会计报表项目构成的比较 ① 重要财务指标的比较： A. 含义：将不同时期财务报告中的相同指标或比率进行纵向比较，直接观察其增减变动情况及变动幅度，考察其发展趋势，预测其发展前景 B. 定基动态比率：以某一时期的数额为固定的基期数额而计算出来的动态比率。计算公式为： $$定基动态比率 = \frac{分析期数额}{固定基期数额} \times 100\%$$ C. 环比动态比率：以每一分析期的数据与上期数据相比较计算出来的动态比率。计算公式为： $$环比动态比率 = \frac{分析期数额}{前期数额} \times 100\%$$

(续表)

比较分析法	趋势分析法	② 会计报表的比较： A. 含义：将连续数期的会计报表的金额并列起来，比较各指标不同期间的增减变动金额和幅度，据以判断企业财务状况和经营成果发展变化的一种方法 B. 内容：包括资产负债表比较、利润表比较和现金流量表比较等 ③ 会计报表项目构成的比较 A. 含义：在会计报表比较的基础上发展而来的，是以会计报表中的某个总体指标作为100%，再计算出各组成项目占该总体指标的百分比，从而比较各个项目百比的增减变动，以此来判断有关财务活动的变化趋势 B. 注意事项：a. 用于对比的各个时期的指标，其计算口径必须保持一致。b. 应剔除偶发性项目的影响，使分析所利用的数据能反映正常的生产经营状况。c. 应运用例外原则对某项有显著变动的指标作重点分析，研究其产生的原因，以便采取对策，趋利避害
比率分析法	含义	通过计算各种比率指标来确定财务活动变动程度的方法
	类型	主要有构成比率、效率比率和相关比率三类
	构成比率	① 含义：又称结构比率，是某项财务指标的各组成部分数值占总体数值的百分比，反映部分与总体的关系 ② 计算公式 $$构成比率 = \frac{某个组成部分数值}{总体数值} \times 100\%$$ ③ 作用：可以考察总体中某个部分的形成和安排是否合理，以便协调各项财务活动
	效率比率	① 含义：某项财务活动中所费与所得的比率，反映投入与产出的关系。利用效率比率指标，可以进行得失比较，考察经营成果，评价经济效益 ② 作用：可以从不同角度观察比较企业盈利能力的高低及其增减变化情况
	相关比率	① 含义：以某个项目和与其有关但又不同的项目加以对比所得的比率，反映有关经济活动的相互关系 ② 作用：可以判断企业的短期偿债能力和长期偿债能力，考察企业相互关联的业务安排得是否合理，以保障经营活动顺畅进行
	注意事项	① 对比项目的相关性 ② 对比口径的一致性 ③ 衡量标准的科学性
因素分析法	含义	依据分析指标与其影响因素的关系，从数量上确定各因素对分析指标影响方向和影响程度的一种方法
	类型	连环替代法和差额分析法
	连环替代法	将分析指标分解为各个可以计量的因素，并根据各个因素之间的依存关系，顺次用各因素的比较值（通常为实际值）替代基准值（通常为标准值或计划值），据以测定各因素对分析指标的影响

(续表)

因素分析法	差额分析法	连环替代法的一种简化形式,是利用各个因素的比较值与基准值之间的差额,来计算各因素对分析指标的影响
	注意事项	① 因素分解的关联性 ② 因素替代的顺序性 ③ 顺序替代的连环性 ④ 计算结果的假定性

三、财务分析的局限性

表 10-3　　　　　　　　　　财务分析的局限性

资料来源的局限性	① 报表数据的时效性问题 ② 报表数据的真实性问题 ③ 报表数据的可靠性问题 ④ 报表数据的可比性问题 ⑤ 报表数据的完整性问题
财务分析方法的局限性	① 比较分析法:比较的双方必须具备可比性才有意义 ② 比率分析法: 　a. 比率分析是针对单个指标进行分析,综合程度较低 　b. 比率指标的计算一般都是建立在以历史数据为基础的财务报表之上的,比率指标提供的信息与决策之间的相关性差 ③ 因素分析法: 　a. 计算时主观假定各因素的变化顺序而且规定每次只有一个因素发生变化,这些假定往往与事实不符 　b. 分析者往往只注重数据的比较,而忽略经营环境的变化,不够全面
财务分析指标的局限性	① 财务指标体系不严密 ② 财务指标所反映的情况具有相对性 ③ 财务指标的评价标准不统一 ④ 财务指标的比较基础不统一

四、财务评价

表 10-4　　　　　　　　　　财务评价

含义	对企业财务状况和经营情况进行的总结、考核和评价。以企业的财务报表和其他财务分析资料为依据,注重对企业财务分析指标的综合考核
方法	包括杜邦分析法、沃尔评分法、功效系数法

(续表)

功效系数法	含义	又叫功效函数法,根据多目标规划原理,对每一项评价指标确定一个满意值和不允许值,以满意值为上限,以不允许值为下限,计算各指标实现满意值的程度,并以此确定各指标的分数,再经过加权平均进行综合,从而评价被研究对象的综合状况
	一般步骤	① 选择业绩评价指标(最重要) ② 确定各项业绩评价指标的标准值 ③ 确定各项业绩评价指标的权数 ④ 计算各类业绩评价指标得分及经营业绩综合评价分数,得出经营业绩综合评价分级

第二节 基本的财务报表分析

一、偿债能力分析

表 10-5　　　　　偿债能力分析

含义	企业偿还本身所欠债务的能力	
作用	① 有利于债权人进行正确的借贷决策 ② 有利于投资者进行正确的投资决策 ③ 有利于企业经营者进行正确的经营决策 ④ 有利于正确评价企业的财务状况	
衡量方法	① 比较可供偿债资产与债务的存量:资产存量超过债务存量较多,则认为偿债能力较强 ② 比较经营活动现金流量和偿债所需现金:如果产生的现金超过需要的现金较多,则认为偿债能力较强	
分类	短期偿债能力分析、长期偿债能力分析	
短期偿债能力分析	营运资金	① 含义:指流动资产超过流动负债的部分 ② 计算公式: 　　　　营运资金＝流动资产－流动负债 ③ 指标内涵:营运资本越多则偿债越有保障。当流动资产大于流动负债时,营运资金为正,说明企业财务状况稳定,不能偿债的风险较小。当流动资产小于流动负债时,营运资金为负,企业部分非流动资产以流动负债作为资金来源,企业不能偿债的风险很大 ④ 缺点:营运资金是绝对数,不便于不同企业之间的比较

短期偿债能力分析	流动比率	① 含义：企业流动资产与流动负债之比
		② 计算公式：
		$$流动比率=流动资产\div流动负债$$
		③ 指标内涵：流动比率表明每1元流动负债有多少流动资产作为保障，流动比率越大通常短期偿债能力越强。一般生产企合理的最低流动比率是2
		④ 注意事项：
		  a. 流动比率高不意味着短期偿债能力一定很强；
		  b. 要找出流动比率过高或过低的原因必须分析流动资产和流动负债所包括的内容以及经营上的因素；
		  c. 营业周期、流动资产中的应收账款和存货的周转速度是影响流动比率的主要因素。营业周期短、应收账款和存货的周转速度快的企业其流动比率低一些也是可以接受的
		⑤ 缺点：该比率比较容易人为操纵，并且没有揭示流动资产的构成内容，只能大致反映流动资产整体的变现能力

	速动比率	① 含义：企业速动资产与流动负债之比
		② 计算公式
		$$速动比率=速动资产\div流动负债$$
		③ 速动资产：货币资金、以公允价值计量且其变动计入当期损益的金融资产和各种应收款项，可以在较短时间内变现，称为速动资产
		④ 非速冻资产：存货、预付款项、一年内到期的非流动资产和他流动资产等属于非速动资产
		⑤ 速动资产剔除存货的原因：
		  a. 流动资产中存货的变现速度比应收账款要慢得多；
		  b. 部分存货可能色被抵押；
		  c. 存货成本和市价可能存在差异
		⑥ 优点：由于剔除了存货等变现能力较差的资产，速动比率比流动比率能更准确、可靠地评价企业资产的流动性及偿还短期债务的能力
		⑦ 指标内涵：速动比率表明每1元流动负债有多少速动资产作为偿债保障。通常认为速动比率至少是1。速动比率越大，短期偿债能力越强。速动比率过高，会因占用现金及应收账款过多而增加企业的机会成本。影响此比率可信性的重要因素是应收账款的变现能力。大量使用现金结算的企业其速动比率太大低于1是正常现象

	现金比率	① 现金资产：包括货币资金和易性金融资产等 ② 含义：现金资产与流动负债的比值 ③ 计算公式： $$现金比率=(货币资金+交易性金融资产)\div流动负债$$ ④ 内涵：现金比率剔除了应收账款对偿债能力的影响，最能反映企业直接偿付流动负债的能力，表明每1元流动负债有多少现金资产作为偿债保障。通常0.2的现金比率就可以接受。该比率过高表明过多资源占用在盈利能力较低的现金资产上从而影响盈利能力

(续表)

长期偿债能力分析	资产负债率	① 含义：企业负债总额与资产总额之比
		② 计算公式
		$$资产负债率＝（负债总额÷资产总额）×100\%$$
		③ 指标内涵：资产负债率反映总资产中有多大比例是通过负债取得的，可以衡量企业清算时资产对债权人权益的保障程度。该比率越低，表明企业资产对负债的保障能力越高，企业的长期偿债能力越强
		④ 注意事项
		  a. 结合营业周期分析：营业周期短的企业，资产周转速度快，可以适当提高资产负债率；
		  b. 结合资产构成分析：流动资产占的比率比较大的企业可以适当提高资产负债率；
		  c. 结合企业经营状况分析：兴旺期间的企业可适当提高资产负债率；
		  d. 结合客观经济环境分析：当利率提高时，会加大企业负债的实际利率水平，增加企业的偿债压力，这时企业应降低资产负债率；
		  e. 结合资产质量和会计政策分析；
		  f. 结合行业差异分析：不同行业资产负债率有较大差异

	产权比率	① 含义：又称资本负债率，是负债总额与所有者权益之比，它是企业财务结构稳健与否的重要标志
		② 计算公式
		$$产权比率＝负债总额÷所有者权益×100\%$$
		③ 指标内涵：产权比率不仅反映了由债权人提供的资本与所有者提供的资本的相对关系，即企业财务结构是否稳定，而且反映了债权人资本受股东权益保障的程度，或者是企业清算时对债权人利益的保障程度。该越低表明企业长期偿债能力越强，债权人权益保障程度越高
		④ 与资产负债率的异同：
		  a. 同：产权比率与资产负债率对评价偿债能力的作用基本一致；
		  b. 异：资产负债率侧重于分析债务偿付安全性的物质保障程度，产权比率侧重于揭示财务结构的稳健程度以及自有资金对偿债风险的承受能力

	权益乘数	① 含义：总资产与股东权益的比值 ② 计算公式 $$权益乘数＝总资产÷股东权益$$ ③ 指标内涵：权益乘数表明股东每投入1元钱可实际拥有和控制的金额。在企业存在负债的情况下，权益乘数大于1。企业负债比例越高，权益乘数越大 ④ 产权比率和权益乘数是资产负债率的另外两种表现形式，是常用的反映财务杠杆水平的指标
	利息保障倍数	① 含义：又称已获利息倍数，企业息税前利润与应付利息之比，用以衡量偿付借款利息的能力 ② 计算公式 $$利息保障倍数＝息税前利润÷应付利息＝（净利润＋利润表中的利息费用＋所得税）÷应付利息$$

(续表)

长期偿债能力分析	利息保障倍数	a. 息税前利润：利润表中扣除利息费用和所得税前的利润； b. 应付利息：本期发生的全部应付利息，包括财务费用中的利息费用和计入固定资产成本的资本化利息 ③ 指标内涵：利息保障倍数反映支付利息的利润来源（息税前利润）与利息支出之间的关系，该比率越高，长期偿债能力越强。从长期看，利息保障倍数至少要大于1（国际公认标准为3）
影响偿债能力的其他因素		① 可动用的银行贷款指标或授信额度 ② 资产质量 ③ 或有事项和承诺事项 ④ 经营租赁

二、营运能力分析

表 10-6　　　　　　　　　营运能力分析

流动资产营运能力分析	应收账款周转率	1. 应收账款周转次数 (1) 含义：一定时期内商品或产品营业收入与应收账款平均余额的比值，表明一定时期内应收账款平均收回的次数； (2) 计算公式 $$应收账款周转次数 = \frac{营业收入}{应收账款平均余额}$$ $$= \frac{营业收入}{(期初应收账款+期末应收账款)/2}$$ 2. 应收账款周转天数 (1) 含义：应收账款周转一次（从销售开始到收回现金）所需要的时间； (2) 计算公式 $$应收账款周转天数 = 计算期天数 \div 应收账款周转次数$$ $$= 计算期天数 \times 应收账款平均余额 \div 营业收入$$ 3. 注意事项 ① 营业收入指扣除销售折扣和折让后的销售净额； ② 应收账款包括会计报表中"应收账款"和"应收票据"等全部赊销账款在内； ③ 应收账款应为未扣除坏账准备的金额； ④ 应收账款期末余额的可靠性问题 4. 指标内涵 应收账款周转率反映了企业应收账款周转速度的快慢及应收账款管理效率的高低。在一定时期内周转次数多（或周转天数少）表明： ① 企业收账迅速，信用销售管理严格； ② 应收账款流动性强，从而增强企业短期偿债能力； ③ 可以减少收账费用和坏账损失，相对增加企业流动资产的投资收益； ④ 通过比较应收账款周转天数及企业信用期限，可评价客户的信用程度，调整企业信用政策

		(续表)
流动资产营运能力分析	存货周转率	1. 存货周转率(次数) (1) 含义：一定时期内企业营业成本与存货平均资金占用额的比率,是衡量和评价企业购入存货、投入生产、销售收回等各环节管理效率的综合性指标 (2) 计算公式： $$存货周转次数＝营业成本÷存货平均余额$$ $$存货平均余额＝(期初存货＋期末存货)÷2$$ 式中：营业成本为利润表中"营业成本"的数值。 2. 存货周转天数 (1) 含义：存货周转一次(即存货取得到存货销售)所需要的时间 (2) 计算公式： $$存货周转天数＝计算期天数÷存货周转次数$$ $$＝计算期天数×存货平均余额÷营业成本$$ 3. 指标内涵 存货周转速度越快,存货占用水平越低,流动性越强,存货转化为现金或应收账款的速度就越快,这样会增强企业的短期偿债能力及盈利能力 4. 作用 通过存货周转速度分析,有利于找出存货管理中存在的问题,尽可能降低资金占用水平 5. 注意事项 ① 存货周转率的高低与企业的经营特点有密切联系,应注意行业的可比性； ② 该比率反映的是存货整体的周转情况,不能说明企业经营各环节的存货周转情况和管理水平； ③ 应结合应收账款周转情况和信用政策进行分析
	流动资产周转率	1. 流动资产周转率(次数) (1) 含义：一定时期营业收入净额与企业流动资产平均占用额之间的比率,是反映企业流动资产周转速度的指标 (2) 计算公式 $$流动资产周转次数＝营业收入÷流动资产平均余额$$ 2. 流动资产周转天数 $$流动资产周转天数＝计算期天数÷流动资产周转次数$$ $$＝计算期天数×流动资产平均余额÷营业收入净额$$ 式中：流动资产平均余额＝(期初流动资产＋期末流动资产)÷2 3. 在一定时期内,流动资产周转次数越多,表明以相同的流动资产完成的周转额越多,流动资产利用效果越好。流动资产周转天数越少,表明流动资产在经历生产销售各阶段所占用的时间越短,可相对节约流动资产,增强企业盈利能力

(续表)

固定资产营运能力分析——固定资产周转率（次数）	含义	企业年营业收入与固定资产平均额的比率，是反映企业固定资产周转情况，从而衡量固定资产利用效率的一项指标
	计算公式	固定资产周转率＝营业收入÷平均固定资产
	指标内涵	固定资产周转率高，说明企业固定资产投资得当，结构合理，利用效率高；反之，如果固定资产周转率不高，则表明固定资产利用效率不高，提供的生产成果不多，企业的营运能力不强
总资产营运能力分析——总资产周转率（次数）	含义	企业营业收入与企业资产平均总额的比率，反映总资产营运能力的指标是总资产周转率
	计算公式	总资产周转次数＝营业收入÷平均资产总额 (1) 如果企业各期资产总额比较稳定，波动不大，则： 　　平均总资产＝(期初总资产＋期末总资产)÷2 (2) 如果资金占用的波动性较大，企业应采用更详细的资料进行计算，如按照各月份的资金占用额计算，则： 　　月平均总资产＝(月初总资产＋月末总资产)÷2 　　季平均占用额＝(1/2 季初＋第一月末＋第二月末＋1/2 季末)÷3 　　年平均占用额＝(1/2 年初＋第一季末＋第二季末＋第三季末＋1/2 年末)÷4

三、盈利能力分析

表 10-7　　　　　　　　　　盈利能力分析

营业毛利率	含义	营业毛利与营业收入之比
	计算公式	营业毛利率＝营业毛利÷营业收入×100% 其中：营业毛利＝营业收入－营业成本
	指标内涵	① 营业毛利率反映产品每 1 元营业收入所包含的毛利润是多少，即营业收入扣除营业成本后还有多少剩余可用于弥补各期费用和形成利润。营业毛利率越高，表明产品的盈利能力越强 ② 将营业毛利率与同行业和不同行业水平进行比较，可以反映企业在行中所处竞争地位和行业间盈利能力差异
营业净利率	含义	净利润与营业收入之比
	计算公式	营业净利率＝净利润÷营业收入×100%
	指标内涵	营业净利率反映每 1 元营业收入最终赚取了多少利润，用于反映产品最终的盈利能力

(续表)

总资产净利率	含义	净利润与平均总资产的比率,反映每1元资产创造的净利润
	计算公式	总资产净利率＝(净利润÷平均总资产)×100% $=\dfrac{净利润}{平均总资产}=\dfrac{净利润}{营业收入}\times\dfrac{营业收入}{平均总资产}$ 影响总资产净利率的因素是营业净利率和总资产周转率
	指标内涵	总资产净利率衡量的是企业资产的盈利能力。总资产净利率越高,表明企业资产的利用效果越好
净资产收益率	含义	又叫权益净利率或权益报酬率,是净利润与平均所有者权益的比值,表示每1元权益资本赚取的净利润,反映权益资本经营的盈利能力
	计算公式	净资产收益率＝(净利润÷平均所有者权益)×100% $=\dfrac{净利润}{平均净资产}=\dfrac{净利润}{平均总资产}\times\dfrac{平均总资产}{平均净资产}$ ＝资产净利率×权益乘数 是企业盈利能力指标的核心,也是杜邦财务指标体系的核心
	指标内涵	净资产收益率越高,所有者和债权人的利益保障程度越高。但净资产收益率不是一个越高越好的概念,分析时要注意企业的财务风险。通过对净资产收益率的分解可以发现,改善资产盈利能力和增加企业负债都可以提高净资产收益率。只有企业净资产收益率上升同时财务风险没有明显加大,才能说明企业财务状况良好

四、发展能力分析

表 10-8　　　　　　　　　发展能力分析

营业收入增长率	计算公式	营业收入增长率＝本年营业收入增长额/上年营业收入×100% 其中: 本年营业收入增长额＝本年营业收入－上年营业收入 计算过程中,营业收入可以使用利润表中的"营业收入"数据
	指标内涵	该指标反映的是相对化的营业收入增长情况,是衡量企业经营状况和市场占有能力、预测企业经营业务拓展趋势的重要指标。该指标值越高,表明企业营业收入的增长速度越快,企业市场前景越好
总资产增长率	含义	企业本年资产增长额同年初资产总额的比率,反映企业本期资产规模的增长情况
	计算公式	总资产增长率＝本年资产增长额/年初资产总额×100% 其中: 本年资产增长额＝年末资产总额－年初资产总额
	指标内涵	总资产增长率越高,表明企业一定时期内资产经营规模扩张的速度越快

(续表)

营业利润增长率	含义	企业本年营业利润增长额与上年营业利润总额的比率,反映企业营业利润的增减变动情况
	计算公式	营业利润增长率＝本年营业利润增长额/上年营业利润总额×100% 其中：本年营业利润增长额＝本年营业利润－上年营业利润
资本保值增值率	含义	扣除客观因素影响后的所有者权益的期末总额与期初总额之比
	计算公式	资本保值增值率＝扣除客观因素影响后的期末所有者权益/期初所有者权益×100%
	指标内涵	该指标是衡量企业盈利能力的重要指标。该指标受企业经营成果和利润分配政策的影响
所有者权益增长率	含义	企业本年所有者权益增长额与年初所有者权益的比率,反映企业当年资本的积累能力
	计算公式	所有者权益增长率＝本年所有者权益增长额/年初所有者权益×100% 本年所有者权益增长额＝年末所有者权益－年初所有者权益
	指标内涵	所有者权益增长率越高,表明企业的资本积累越多,应对风险、持续发展的能力越强

五、现金流量分析

表10-9　　　　　　　　　　现金流量分析

获取现金能力的分析	营业现金比率	① 含义：企业经营活动现金流量净额与企业营业收入的比值 ② 计算公式： 营业现金比率＝经营活动现金流量净额÷营业收入 ③ 指标内涵：该比率反映每1元营业收入得到的经营活动现金流量净额,其数值越大越好
	每股营业现金净流量	① 含义：通过企业经营活动现金流量净额与普通股股数之比来反映 ② 计算公式： 每股营业现金净流量＝经营活动现金流量净额×普通股股数 ③ 指标内涵：该指标反映企业最大的分派股利能力,超过此限度,可能就要借款分红
	全部资产现金回收率	① 含义：通过企业经营活动现金流量净额与企业平均总资产之比来反映的,它说明企业全部资产产生现金的能力 ② 计算公式： 全部资产现金回收率＝经营活动现金流量净额×平均总资产×100%

(续表)

收益质量分析	净收益营运指数	① 含义：经营净收益与净利润之比 ② 计算公式： 　　净收益营运指数＝经营净收益÷净利润 　其中：经营净收益＝净利润－非经营净收益 ③ 指标内涵：净收益营运指数越小，非经营收益所占比重越大，收益质量越差
	现金营运指数	① 含义：企业经营活动现金流量净额与企业经营所得现金的比值 ② 计算公式： 　　现金营运指数＝经营活动现金流量净额÷经营所得现金 　式中：经营所得现金是经营净收益与非付现费用之和

第三节　上市公司财务分析

一、上市公司特殊财务分析指标

表 10-10　　　　　　　　上市公司特殊财务分析指标

每股收益	含义	① 综合反映企业盈利能力的重要指标，可以用来判断和评价管理层的经营业绩 ② 包括基本每股收益和稀释每股收益
	基本每股收益	$$基本每股收益 = \frac{归属于公司普通股股东的净利润}{发行在外的普通股加权平均数}$$ 其中：发行在外普通股的加权平均数＝期初发行在外普通股股数＋当期新发普通股股数×已发行时间÷报告期时间－当期回购普通取股数×已回购时间÷报告期时间
	稀释每股收益	① 企业存在稀释性潜在普通股的，应当计算稀释每股收益 ② 稀释性潜在普通股：假设当期转换为普通股会减少每股收益的潜在普通股。潜在普通股主要包括可转换公司债券、认股权证和股份期权等 ③ 可转换公司债券 　计算稀释每股收益时，分子的调整项目为可转换公司债券当期已确认为费用的利息等的税后影响额，分母的调整项目为假定可转换公司债券当期期初或发行日转换为普通股股数的加权平均数

(续表)

每股收益	稀释每股收益	④ 认股权证和股份期权 计算稀释每股收益时，分子一般不变，分母的调整项目为增加的普通股股数，同时还应考虑时间权数。 认股权证或股份期权行权增加的普通股股数 $= 行权认购的股数 \times \left(1 - \dfrac{行权价格}{普通股平均市价}\right)$ 行权价格和拟行权时转换的普通股股数，按照有关认股权证合同和股份期权合约确定。普通股平均市价通常按照每周或每月具有代表性的股票交易价格进行简单算术平均计算 ⑤ 企业利用回购方式减少发行在外普通股股数，会使每股收益增加。企业用盈利派发股票股利或配售股票增加流通在外的股票数量，会使每股收益稀释 ⑥ 指标内涵：每股收益反映投资者可望获得的最高股利收益，是衡量股票投资价值的重要指标。每股收益越高，表明投资价值越大；否则反之。每股收益多不代表每股股利多，不能反映股票的风险水平
每股股利	含义	企业股利总额与普通股股数的比值
	计算公式	每股股利＝现金股利总额÷期末发行在外的普通股股数
	指标内涵	每股股利反映的是普通股股东每持有上市公司一股普通股获取的股利大小，是投资者股票投资收益的重要来源之一
	股利发放率	① 反映每股股利和每股收益之间关系的一个重要指标 ② 计算公式：股利发放率＝每股股利÷每股收益 ③ 指标内涵：股利发放率反映每1元净利润有多少用于普通股股东的现金股利发放，反映普通股股东的当期收益水平。该指标可以反映公司的股利发放政策
市盈率	含义	股票每股市价与每股收益的比率，反映普通股股东为获取1元净利润所愿意支付的股票价格
	计算公式	市盈率＝每股市价/每股收益
	指标内涵	市盈率是股票市场上反映股票投资价值的重要指标，该比率的高低反映了市场上投资者对股票投资收益和投资风险的预期。上市公司市盈率是广大股票投资者进行中长期投资的重要决策指标
	影响因素	① 上市公司盈利能力的成长性 ② 投资者所获取报酬率的稳定性 ③ 市盈率也受到利率水平变动的影响
	缺陷	① 股票价格的高低受很多因素影响，非理性因素的存在会使股票价格偏离其内在价值 ② 市盈率反映了投资者的投资预期，但由于市场不完全和信息不对称，投资者可能会对股票做出错误估计

(续表)

每股净资产	含义	又称每股账面价值,是指企业期末普通股净资产与期末发行在外的普通股股数之间的比率
	计算公式	每股净资产＝期末普通股净资产/期末发行在外的普通股股数 期末普通股净资产＝期末股东权益－期末优先股股东权益
	指标内涵	① 每股净资产反映了发行在外的每一普通股股份所能分配的企业账面净资产的价值,是理论上股票的最低价值 ② 利用该指标进行横向和纵向对比,可以衡量上市公司股票的投资价值 ③ 在市场投机气氛较浓的情况下,每股净资产指标往往不太受重视
市净率	含义	每股市价与每股净资产的比率,是投资者用以衡量、分析个股是否具有投资价值的工具之一
	计算公式	市净率＝每股市价/每股净资产
	指标内涵	市净率较低的股票,投资价值较高;反之,则投资价值较低。有时较低的市净率反映的可能是投资者对公司前景的不良预期,而较高市净率则相反

二、管理层讨论与分析

表 10-11　　　　　　　　　管理层讨论与分析

含义	上市公司定期报告中管理层对于本企业过去经营状况的评价分析以及对企业未来发展趋势的前瞻性判断,是对企业财务报表中所描述的财务状况和经营成果的解释,是对经营中固有风险和不确定性的揭示,同时也是对企业未来发展前景的预期,是上市公司定期报告的重要组成部分
目的	使公众投资者能够有机会了解管理层自身对企业财务状况与经营成果的分析评价,以及企业未来一定时期内的计划。这些信息在财务报表及附注中并没有得到充分揭示,对投资者的投资决策却非常重要
内容	报告期间经营业绩变动的解释、企业未来发展的前瞻性信息
报告期间经营业绩变动的解释	① 分析企业主营业务及其经营状况 ② 概述企业报告期内总体经营情况,列示企业主营业务收入、主营业务利润、净利润的同比变动情况,说明引起变动的主要影响因素 ③ 说明报告期企业资产构成、销售费用、管理费用、财务费用、所得税等财务数据同比发生重大变动的情况及主要影响因素 ④ 结合企业现金流量表相关数据,说明企业经营活动、投资活动和筹资活动产生的现金流量的构成情况,若相关数据发生重大变动,应当分析其主要影响因素 ⑤ 企业可以根据实际情况对企业设备利用情况、订单的获取情况、产品的销售或积压情况、主要技术人员变动情况等与企业经营相关的重要信息进行讨论和分析 ⑥ 企业主要控股企业及参股企业的经营情况及业绩分析

(续表)

企业未来发展的前瞻性信息	① 企业应当结合经营回顾的情况,分析所处行业的发展趋势及企业面临的市场竞争格局。产生重大影响的,应给予管理层基本判断的说明 ② 企业应当向投资者提示管理层所关注的未来企业发展机遇和挑战,披露企业发展战略,以及拟开展的新业务、拟开发的新产品、拟投资的新项目等 ③ 企业应当披露为实现未来发展战略所需的资金需求及使用计划,以及资金来源情况,说明企业维持当前业务、完成在建投资项目的资金需求,未来重大的资本支出计划等,包括未来已知的资本支出承诺、合同安排、时间安排等。同时,对企业资金来源的安排、资金成本及使用情况进行说明。企业应当区分债务融资、表外融资、股权融资、衍生产品融资等项目对企业未来资金来源进行披露

第四节 财务评价与考核

一、企业综合绩效分析的方法

表 10-12　　　　　企业综合绩效分析的方法

杜邦分析法	含义	又称杜邦财务分析体系,简称杜邦系,是利用各主要财务比率指标间的内在联系,对企业财务状况及经济效益进行综合系统分析评价的方法
	分解图	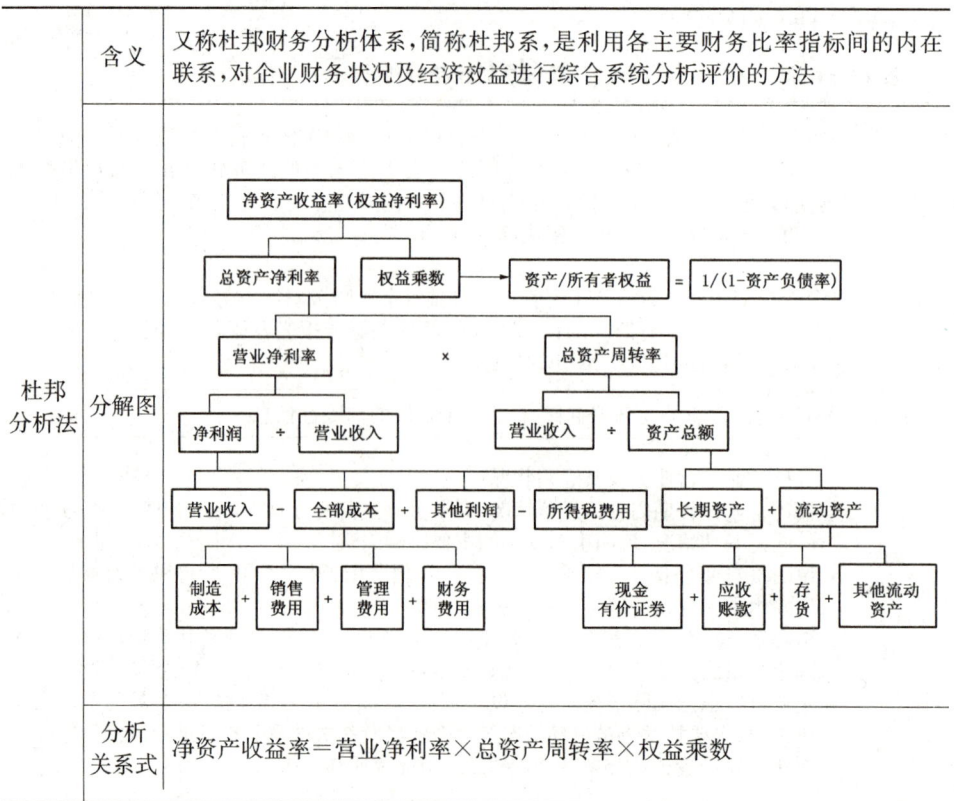
	分析关系式	净资产收益率=营业净利率×总资产周转率×权益乘数

(续表)

杜邦分析法	注意事项	① 净资产收益率是一个综合性最强的财务分析指标,是杜邦分析体系的起点 ② 营业净利率反映了企业净利润与营业收入的关系,它的高低取决于营业收入与成本总额的高低 ③ 影响总资产周转率的一个重要因素是资产总额 ④ 权益乘数主要受资产负债率指标的影响
沃尔评分法	含义	把若干个财务比率用线性关系结合起来,以此来评价企业的信用水平。选择七种财务比率,分别给定其在总评价中所占的比重,总和为100分;然后确定标准比率,并与实际比率相比较,评出每项指标的得分,求出总评分
	缺陷	① 未能证明为什么要选择这七个指标,而不是更多些或更少些,或者选择别的财务比率,以及未能证明每个指标所占比重的合理性 ② 当某一个指标严重异常时,会对综合指数产生不合逻辑的重大影响
	现代企业财务评价	现代一般认为企业财务评价的内容依次是盈利能力、偿债能力和成长能力,它们之间大致可按5:3:2的比重来分配。盈利能力的主要指标是总资产报酬率、营业净利率和净资产收益率,这三个指标可按2:2:1的比重来安排。偿债能力有四个常用指标。成长能力有三个常用指标(都是本年增量与上年实际量的比值)。假定仍以100分为总评分

二、综合绩效评价

表10-13　　　　　　　　　　综合绩效评价

含义		运用数理统计和运筹学的方法,通过建立综合评价指标体系,对照相应的评价标准,定量分析与定性分析相结合,对企业一定经营期间的盈利能力、资产质量、债务风险以及经营增长等经营业绩和努力程度等各方面进行的综合评判
作用		① 为出资人行使经营者的选择权提供重要依据 ② 有效地加强对企业经营者的监管和约束 ③ 为有效激励企业经营者提供可靠依据 ④ 为政府有关部门、债权人、企业职工等利益相关方提供有效的信息支持
内容	财务绩效定量评价	对企业一定期间的盈利能力、资产质量、债务风险和经营增长四个方面进行定量对比分析和评判
	管理绩效定性评价	① 含义:在企业财务绩效定量评价的基础上,通过采取专家评议的方式,对企业一定期间的经营管理水平进行定性分析与综合评判 ② 指标:包括企业发展战略的确立与执行、经营决策、发展创新、风险控制、基础管理、人力资源、行业影响、社会贡献等方面
综合绩效评价指标	财务绩效定量评价指标	① 企业盈利能力状况指标:净资产收益率、总资产报酬率两个基本指标,销售(营业)利润率、利润现金保障倍数、成本费用利润率、资本收益率四个修正指标

(续表)

综合绩效评价指标	财务绩效定量评价指标	② 企业资产质量状况指标：总资产周转率、应收账款周转率两个基本指标，不良资产比率、流动资产周转率、资产现金回收率三个修正指标 ③ 企业债务风险状况指标：资产负债率、已获利息倍数两个基本指标，速动比率、现金流动负债比率、带息负债比率、或有负债比率四个修正指标 ④ 企业经营增长状况指标：销售（营业）增长率、资本保值增值率两个基本指标，销售（营业）利润增长率、总资产增长率、技术投入比率三个修正指标
	管理绩效定性评价指标	包括战略管理、发展创新、经营决策、风险控制、基础管理、人力资源、行业影响、社会贡献等八个方面的指标，主要反映企业在一定经营期间所采取的各项管理措施及其管理成效
企业综合绩效评价标准	财务绩效定量评价标准	财务绩效定量评价标准按照不同行业、不同规模及指标类别，划分为优秀(A)、良好(B)、平均(C)、较低(D)、较差(E)五个档次，对应五档评价的标准系数分别为1.0、0.8、0.6、0.4、0.2，较差(E)以下为0
	管理绩效定性评价标准	管理绩效定性评价标准分为优(A)、良(B)、中(C)、低(D)、差(E)五个档次。对应五档评价的标准系数分别为1.0、0.8、0.6、0.4、0.2，差(E)以下为0
企业综合绩效评价工作程序	财务绩效评价工作程序	包括提取评价基础数据、基础数据调整、评价计分、形成评价结果等内容
	管理绩效评价工作程序	具体包括收集整理管理绩效评价资料、聘请咨询专家、召开专家评议会、形成定性评价结论等内容
企业综合绩效评价计分方法	财务绩效评价计分	1. 基本指标计分 （1）含义：按照功效系数法计分原理，将评价指标实际值对照行业评价标准值，按照规定的计分公式计算各项基本指标得分 （2）计算公式 基本指标总得分 = ∑ 单项基本指标得分 单项基本指标得分＝本档基础分＋调整分 本档基础分＝指标权数×本档标准系数 调整分＝功效系数×（上档基础分－本档基础分） 上档基础分＝指标权数×上档标准系数 $$功效系数 = \frac{实际值－本档标准值}{上档标准值－本档标准值}$$ 本档标准值是指上下两档标准值居于较低等级一档。 2. 修正指标计分 （1）含义：在基本指标计分结果的基础上，运用功效系数法原理，分别计算盈利能力、资产质量、债务风险和经营增长四个部分的综合修正系数，再据此计算出修正后的分数

(续表)

企业综合绩效评价计分方法	财务绩效评价计分	（2）计算公式 修正后总得分＝∑各部分修正后得分 各部分修正后得分＝各部分基本指标分数×该部分综合修正系数 某部分综合修正系数＝∑该部分各修正指标加权修正系数 功效系数＝$\dfrac{实际值－本档标准值}{上档标准值－本档标准值}$ 某指标单项修正系数＝1.0＋(本档标准系数＋功效系数×0.2－该部分基本指标分析系数)
	管理绩效评价计分	管理绩效定性评价指标分数＝∑单项指标分数 功效系数＝$\dfrac{实际值－本档标准值}{上档标准值－本档标准值}$
	综合绩效评价计分	企业综合绩效评价分数＝财务绩效定量评价分数×70%＋管理绩效定性评价分数×30% 绩效改进度＝本期绩效评价分数/基期绩效评价分数 绩效改进度大于1,说明经营绩效上升；绩效改进度小于1,说明经营绩效下滑
企业综合绩效评价结果与评价报告		企业综合绩效评价结果以评价得分、评价类型和评价级别表示